tea

ティーとアペロ

&

お茶の時間とお酒の時間　140のレシピ

apéro

長尾智子

お茶の時間とお酒の時間
ティー　　と　　アペロ

仕事場の台所は南側で、日当たりがよすぎるくらいの場所です。部屋はひと続きにしているので、実際はどこが台所でどこが撮影のスペースかもはっきりしませんが、元々の台所は広くはなく、そこに業務用のオーブンを入れ、作業台を置き、仕事をするうちにますます台所がメインの場所になってきました。あっという間に10年、15年と過ぎ、引っ越しがわりにちょくちょくレイアウトを変えながら、そこで何冊も本を作ってきました。台所は人それぞれ、広く立派でも、熱源がひとつでこじんまりしていても、そこですることは一緒です。そして、向き合うものも同じ。料理をすることが、日常でありながら少し特別だと思うのは、作り手が他のだれでもない素材と相対する時間であること。そこには、その日のことが否が応でも込められるわけで、仕上がりも日によってさまざまなはず。夕飯どうしよう、と毎日憂鬱にもなるだろうし、疲れたらやりたくない日もあるだろう。なかなか思ったように作れず、自信のない人も多い様子。

食事の内容を立派なものにするのは難儀なことです。では、リラックスするのはいつでしょうか。一日の中でほっとひと息つく時、そして一日が終わる前、グラスにお酒を注ぐ時？

tea

いつもの台所で気づいたことは、三度の食事のように必須ではなく、でも人にとって必要不可欠な、力の抜けるふたつの時間だということです。料理をしていると、そこに居合わせた人たちがどんどん近寄ってきて機嫌のいい子供のような顔をするのです。なるほど、台所が中心にあれば、食べることすべてを豊かさをともなってまかなえるのではないか、という気がしてきました。ときに憂鬱な気分を誘う台所が、コーヒーショップのように一杯飲み屋のように使えれば、一日のリズムを整える時間がおのずと生まれるのでは？という妄想から思いついた「ティーとアペロ」です。

apéro

おやつ作りに慣れればお菓子の世界が広がり、気の利いた酒の肴が得意になると、必ず料理が変わると信じます。量を増やせばいいおかずになり、甘いものは贈りものにもなる。日々作るものにピンとくるようになればしめたもの。自分のために、人のためにも作りやすくなります。おいしいおやつや酒の肴が、淹れたてのお茶やコーヒー、小さなグラスに注いだお酒が醸し出すのは、忙しい私たちにとって、何よりも貴重な「時間」というもの。誰にも止められず、取り戻すこともできず、たとえ大変な出来事がたび重なっても、時代とともにいっそう加速していく時間というもの。同じ時間を過ごすなら、一日をいい記憶として留める手立ては台所にあると思っています。お茶とお酒のいい時間があったら、今日も一日無事の証拠。

この本は、個人的食卓考でもあります。暮らしを愛し、平和を、お茶やおやつを、お酒のあるひとときを愛する人へ。

目次

お茶の時間とお酒の時間　4

ティー●お茶の時間　8

お茶にあんとチョコレート
　チョコレート×デーツ　9
　マンディアン　10
　チョコレート×プルーン　11
　きな粉あん玉　11
　即席おはぎ　12
　木の芽あん巻き　13

かりっとねちっと
　ナッツの砂糖がけ　14
　シナモンのチュイル　15
　フラップジャックス　16
　昔風マカロン　17
　焼きいもであれこれ　18

フライパンで焼くお菓子
　りんごのパンケーキ　20
　半月どら焼き　22
　ドロップビスケット　23
　ウェルシュ風ケーキ　25
　高菜とあんこのお焼き　26

ひんやり冷たいお菓子
　葛入りしょうが寒天
　　フルーツのせ　28
　甘酒白玉　29
　ティーアッフォガート　30
　ミルクココアソルベ　31

お茶といえば、スコーン
　基本の大きなスコーン　34
　あんこに合う
　　ブラウンスコーン　36
　レーズンスコーン　38
　チーズスコーン　39
　ナッツスコーン　40
　スコーンのジャムタルト　41

丸いケーキの楽しみ
　スパイスハニーケーキ　42
　あんサンドケーキ　45
　直径22cm／オーブンペーパーで
　　形を作る／クリームを
　　ケーキのお供に　46
　ココナッツバナナケーキ　48
　レモンケーキ　49
　焼きいもケーキ　50
　キャラウェイチーズケーキ　51
　レーズンアーモンドケーキ　52
　チョコカフェケーキ　53
　チーズコーンブレッド　54

フルーツの香るお菓子
　いちごのクランブル　55
　いちごときんかんの
　　コンポート　56
　りんごとバナナのコブラー　57
　バナナのキャラメリゼ　58
　ぶどうとりんごのフリット　58

ほかほかの蒸し菓子
　いろいろ蒸しケーキ　59
　蒸しケーキの
　　ベースになるレシピ　60
　ゆず蒸しケーキ／
　　よもぎ蒸しケーキ／
　　酒粕と甘栗蒸しケーキ　60
　キャラメル蒸しケーキ　62
　ココア蒸しケーキ　64
　いきなり団子　65
　甘辛豆花（ドウファ）　66

ティーとアペロのひとりごと　68

アペロ●お酒の時間　70

切ってのせるだけ、のせて巻くだけ
　バターと粗塩　71
　甘辛酸っぱい盛り合わせ　72
　チーズとデーツ、
　　チョコレートとデーツ　73
　ハム巻き野菜　73
　トルティーヤロールと青唐辛子　73
　オイルサーディントースト　74
　生ハムレーズントースト　74
　黒パンにチーズとプルーン、
　　ブルーチーズとりんご　75

トーストと一緒に
　アンチョビ卵トースト　76
　ガーリッククルトン　77
　アンチョビトースト　77
　プラムのグリルとブルーチーズ　78
　焼きなすのペーストと
　　ヨーグルトクリーム　79
　チーズエッグペースト　80
　アボカドペースト　80
　レバーソテーとレバーペースト　81

ふって、もんで、和えて
　干し大根と柿酢　82
　キャベツとザーサイの
　　コールスロー　83
　塩ふり大根　83
　枝豆のするめだし漬け／麹枝豆／
　　酒粕豆腐／乾物ときゅうりの
　　甘酢／きゅうりの麹和え　84
　いかとセロリの土佐和え　86

ゆでたての幸福感
　新じゃがバター　87
　大豆とひよこ豆の
　　オリーブ油和え　88
　ゆでたて野菜とハムサラミ　89
　ゆで里いもとおぼろ昆布　89
　ゆでソーセージとキャベツ　89

ゆでおきのお得感
ゆで豚肉／
　ゆで豚、きゅうり、ゆずこしょう／
　ゆで豚のスープ　90
鶏ロール／鶏ロールのトーストのせ　91

漬けておけば
カリフラワーのピクルスと
　チーズ　92
いわしのレモン酢漬け　93
豚肉酒蒸し　94
なめこのピリ辛　95
レバーと香味野菜のサラダ　95

煮込んでおくと
コンフィいろいろ　96
にんじん、トマトのコンフィ　98
牛すねの生姜煮　100
野菜とレバーと鶏肉煮込み　101
八角醤油卵／煎り酒しょうが卵／
　スパイストマト卵　102

おつまみフリット
ふきのとうと新ごぼうの
　かき揚げ　104
フリット3種　105
カレーどり　105
ラムかつ／梅酢きゅうり　106
鶏皮揚げ　107
とり天　107

じゃがいも三昧
ラムじゃがバター　108
じゃがいもとゆで豚の
　ラルド焼き　109
ベーコンポテト　109
あさりと鮭のフィッシュパイ　110
ヤンソンの誘惑　111
じゃがいものガレット　112
長いもの厚焼き　113

牡蠣の時季には
牡蠣ポテト焼き　114
牡蠣しいたけ焼き　115
牡蠣味噌焼き　115

焼くアペロ
しいたけのオイル焼き　116
ケールの黒焼き　117
焼きそら豆とアスパラガス、
　目玉焼き添え　118
アスパラの揚げ焼き　119
ミニステーキとカリフラワー／
　ミニステーキ＋ゆずこしょう、
　＋ふきのとうオイル煮　120
羊串焼きとトルティーヤ、
　きゅうりの塩まぶし　122
いわしの揚げ焼き　124
なすの揚げ焼き　124
鉄鍋卵焼き　125
厚揚げミント、
　スイートチリソース　126
ねぎとお揚げ焼き　127
干しきゅうりと干しなす炒め　127
挽き肉とミントのタイ風炒め、
　文旦のサラダと
　もち米おむすび　128
塩炒りナッツ　129
野菜のオーブン素焼き　130
まぐろ中落ち焼き　131
麹松風　131

小鍋もアペロ
ベトナムおでん　132
大根塩麹鍋　133
真だらの辛味鍋　134
鶏とせり鍋　134
なすと挽き肉カレー煮　135

〆のパスタ
まぐろのラグーパスタ　136
レモンパスタ　137
ナポリタン　137

〆のごはん
高菜飯　138
干物飯　139
するめ飯　140
魚醤焼きむすび　140
こんかむすびと煮卵　140
こんか茶漬け　141
春菊の味噌汁　141

これがあればおいしさ倍増
　頼りになる手作り調味料、
　常備食品　142

＊本書の計量単位は、小さじ1＝5ml、大さじ1＝15ml、カップ1＝200mlです。
＊材料の分量をとくに記していないものは「適量」です。
＊アペロの材料表で分量表記に対して「○人分」等の指定がない場合、基本的に「2～3人用の酒の肴1皿分」を想定しています。
＊焼く、炒める、揚げるなどに使う「植物油」は、例として記載してあるもの（たとえば太白ごま油）に限らず、菜種油、グレープシード油など香りにくせのないものを好みで使ってください。
＊「塩」は自然塩、「こしょう」は基本的に黒こしょうを挽いて使用。
＊調理時間、保存期間、コンロの火加減、オーブン温度は目安として記したものです。適宜調整してください。

撮影　新居明子
デザイン　茂木隆行
編集　木村真季（柴田書店）

tea

ティー・お茶の時間

たとえ10分でも、お茶の時間は毎日欠かせません。お茶やお菓子が好きというだけでなく、ひと休みの区切りをつけることは、一日の中での重要事項です。それがないと、調子が狂ってしまいそう。仕事の合間ならお菓子は買ったものでよく、お茶も茶葉から淹れずともティーバッグで結構。ブレンドしたものなども含めて、かなり進化していると思います。

さて、お菓子を手作りするというと、時間と余裕がなければ無理、オーブンも必要、と諦める人もいるかと思いますが、あんこなら丸めて、チョコレートは溶かして、ドライフルーツやナッツを活用して、とお菓子作りの入り口はけっこう身近なところにあります。まずはお茶受け、おやつと考えるわけです。大きくは、あんことチョコレートの使い分けが和と洋の作り分けと言いましょうか、このふたつの素材は、とても似ていると思います。つぎは小麦粉。砂糖や卵、乳製品。あるいは水を混ぜて溶き、フライパンで焼けば、水分が多ければパンケーキやどら焼きの皮に、配合が変わればスコーンやビスケットに、具を包めばお焼きになるのですから、試す価値は大いにありますね。さらに白玉粉や寒天、道具も鍋に蒸し器にオーブン…と駆使していけば、お茶の時間は際限なく楽しいものになります。ざくっとした生地のスコーンにホールで焼く丸いケーキ、できたての湯気もおいしい蒸し菓子にいたっては、お菓子作りの新境地を開くことでしょう。

少々地味で素朴なお菓子を仲間入りさせれば、お茶の時間がちょっと変わる。いや、かなり様変わりするはずです。

お茶に
あんとチョコレート

チョコレート×デーツ

デーツはあまりやわらかすぎないものを選ぶ。
切り込みを入れ、種を取り、そこに好みのチョコレートを
ざくざくきざんで挟むだけ。「ざくざく」がラフで雰囲気がいい。
ミルクチョコレートだと少し甘いので、
カカオ70％前後のチョコレートがおすすめです。
もうひとつ、カマンベールチーズの小さめのものを切り分けて
挟むというのも用意すると、たちまちお酒に合うセット。

材料＞デーツ、チョコレート、カマンベールチーズ

マンディアン

マンディアンは、ナッツやドライフルーツをのせたチョコレートのこと。

チョコレートを小鍋に入れる。ひと回り大きい鍋に湯を煮立て、チョコレートの鍋を浸して火を止める。ふきんをかけてそのままおき、溶けたらスプーンでそっと混ぜる。適量をすくってベーキングシート上に落とし、スプーンの腹でぬり広げて円にする。くるみ、ピスタチオ、ドライブルーベリー、松の実、オレンジピールを適宜のせ、しっかり固まるまでおく。

チョコレートを溶かすだけ。慣れれば気楽で楽しい。ドライのレーズン、クランベリー、いちじくなどや、カシューナッツ、ごま、ピーナッツなどでもいい。彩りよく散らそう。温度変化に強くないので長時間の保存には向かないが、おやつにも、お酒にも、さらに手土産にもなる。

材料　約12枚分>
チョコレート　100g
好みのドライフルーツ、ナッツ

チョコレート×プルーン

プルーンは種を抜いてあるかためのものを選び、真ん中の種を抜いた跡を指で押してくぼみを作る。ビターとホワイトチョコレートはそれぞれ、小鍋に入れて湯煎で溶かす(p.10「マンディアン」参照)か、電子レンジで10秒ずつ適宜数回加熱する。保存袋に入れ、端を切って絞り袋とし、それぞれ6個のプルーンに絞り入れる(小さなコーヒースプーンなどでも)。ビターチョコレートの上にはアーモンドスライスをのせ、ホワイトにはシナモンパウダーを少しふる(シナモンはお菓子に便利な風味づけ)。チョコレートが固まるまでおく。とはいえ固まりかけも、しっかりかたくなってからもどちらもおいしい。

材料　約12個分>
プルーン　12個
ビターとホワイトの
　チョコレート
　　各30〜40g
アーモンドスライス
シナモンパウダー

きな粉あん玉

ただ丸めるだけで、即お菓子になるというのがあんこのいいところ。芯に干しあんずのきざんだもの、くるみや松の実などを入れるのもおいしいのでお試しを。

こしあんをボウルに入れ、きな粉30gを混ぜて冷蔵庫でしばらく冷やしておく。別にきな粉30gを浅い器に入れておき、冷やしたあんこをひとつ20gくらいにずつ丸めてきな粉をまぶす。1回まぶしてしばらくおき、あんの水分がしみてきたらもう1回まぶしつけて、そのまましばらくおいて表面を乾かす。

材料　約12個分>
こしあん(市販)　約240g
きな粉　60g
干しあんず、くるみ、松の実など

冷凍、または冷やご飯2膳分を温め、
すり鉢かボウルに入れ、
すりこぎで軽くつぶすようにしてまとめやすくする。
5〜6等分して楕円に丸め、
市販のあんこを20gずつくらいのせて軽くのばす。
で、もうでき上がり。
ひとくちのミニサイズにしてもいいですね。
次は手作りしてみよう、というときは以下のレシピで。
渋きりしない粗野なあんこの作り方。

即席おはぎ

材料
　手作りあんこ・作りやすい量>
　　あずき　300g
　　砂糖　200g
　おはぎ8〜12個分>
　　上記の半量のあんこ
　　うるち米・もち米　各1合

1　土鍋にさっと洗ったあずきを入れ、かぶるくらいの水を注いで蓋。中火にかけて、煮立ったらごく弱火にし、20分ほど炊く。水気が少なくなってきたら、またかぶるくらいに水を足し、同様にしてやわらかくなるまで炊く。砂糖を加えてあずきをつぶさないようにそっとひと混ぜ。蓋をして、弱火で15分。この後、半分はゆであずきとして取り置き、白玉などに添えて使う。残りは蓋をはずして混ぜながら煮詰めて水気を飛ばし、冷ます。
2　うるち米ともち米を合わせて炊き、好みの大きさに楕円に丸める。あんこをのせる。

木の芽あん巻き

材料　8個分>
薄力粉　70g
塩　1つまみ
砂糖　小さじ½
水　200ml
木の芽　16枚
粒あん　約160g

1　薄力粉をふるって塩と砂糖を混ぜ、水200mlを少しずつ加えて泡立て器で混ぜながら溶きのばし、漉す。
2　フライパンに薄く油を温めて拭き取り、弱火にする。木の芽を2枚ほど置き、生地をレードルで直径8cmくらいに丸く流す。しばらくそのまま焼いて上下を返し、ごく軽く焼いてキッチンクロスに取る。
3　生地を8枚焼き、1枚につき粒あんを20gほどのせて三つ折りするように両側から包み、閉じ目を押さえる。
●二つ折りも桜餅のような形で、それもきれい。

和菓子らしいお菓子も、
パンケーキの要領で作れます。
焼き色は控えめに。
生地に木の芽を焼きこむかわりに、
ゆかりをふったりごまをふったりして
焼くのもおいしい。

ナッツの砂糖がけ

材料　作りやすい量>

ナッツ（アーモンド、カシューナッツ、
　くるみなどのミックス）　150g
砂糖　80g
白味噌　小さじ1
水　120ml

1　アーモンド、カシューナッツ、くるみなどを鍋に入れる。

2　ボウルに砂糖、白味噌を入れて分量の水で溶き、1に加え、弱火にかけて混ぜながら煮詰める。鍋肌から乾燥してくるので、ときどき火からおろして手は休めずに混ぜ続ける。ナッツに砂糖がからまり、全体がカリッとしたらキッチンペーパーなどに取って完全に冷ます。密閉容器で保存する。

●鍋肌に残った砂糖の塊は水少々を加えて煮溶かし、ナッツを戻してからめて、砂糖衣を厚くするか、またはシロップとして使える。白玉などにどうぞ。

カリカリしたナッツは、お茶にもお酒にも合うもの。
ナッツは、数種類をミックスするのがポイント。楽しい仕上がりになる。
砂糖衣には白味噌を混ぜてコクを出す。
赤味噌にするとより塩気が強くなって、さらにお酒に合うなぁ。

かりっと、ねちっと

シナモンのチュイル

材料　作りやすい量>
薄力粉　50g
砂糖　30g
卵　1個
無塩バター　50g
松の実　20g

1　砂糖と卵を泡立て器でよく混ぜ合わせておく。薄力粉はふるってボウルに入れ、卵液を加えて、粉気がなくなってなじむまで混ぜ合わせる。無塩バターを溶かして粗熱を取り、生地に加えて手早く混ぜ合わせる。

2　オーブンを170℃に温める。天板にオーブンペーパーを敷いてスプーンで生地を小さく落とし、松の実を1粒ずつのせ、オーブンに入れて15分ほど焼く。ラックに取り、完全に冷ます。

チュイルと言っても、全卵を切りよく使い、
アーモンドではなく松の実をちまちまとのせた、
小さなカリッとしたクッキー。
簡単な生地を焼いただけでも、
松の実がひと粒ずつのっているのがいいところ。

フラップジャックスは、
オートミールをシロップとバターと合わせて焼く、
単純で素朴なイギリスの家庭のお菓子。
それを基として、ナッツとレーズンを加えた生地で。
焼き時間を5分くらい延長して、
昔風にカリッとかために仕上げてもいい。

フラップジャックス

材料　約20cm角1枚>

A | オートミール　150g
　| アーモンドスライス　30g
　| ココナッツロング　20g
　| レーズン　30g
　| 薄力粉　30g
　| シナモンパウダー　小さじ½
B | メープルシロップ　50ml
　| ブラウンシュガー　60g
　| 無塩バター　70g
　| 塩　1つまみ

1　材料Aをボウルに合わせて混ぜる。角型にオーブンペーパーを敷いておく。

2　鍋に、材料Bを合わせて弱火にかける。混ぜながら溶かし、煮立ったら火を止める。1のボウルに一気に注いで手早く混ぜ、型に移して平らにならす。

3　170℃のオーブンで30分間焼く。熱いうちに取り出し、厚みの⅔くらいまでナイフで(好みの大きさに)切り込みを入れて冷まし、粗熱が取れたらざっくりと割る。

昔風マカロン

材料　約30個分 >
卵　1個
砂糖　150g
はちみつ　50g
A│アーモンドパウダー　250g
　│シナモンパウダー　小さじ1
　│クローブパウダー　1つまみ

1　卵をボウルに割り入れてときほぐし、砂糖、はちみつを加えてよく混ぜ合わせる。

2　材料Aを合わせてふるい、1に加えて、ゴムベラで練り合わせてひとまとめにする。ラップフィルムに包んで4〜5時間以上冷蔵庫で休ませる。

3　オーブンを180℃に温める。天板にオーブンペーパーを敷き、生地を1個15gくらいに切り分けて丸め、スプーンの背で押して平らにする。15分ほど焼いて粗熱を取る。密閉できる保存袋に入れると、ねっちりした食感が保たれる。

ねちっとした食感の、素朴なマカロン。
マカロンと言ってもいろいろあり、
そのなかでもかなり素朴で、かためなタイプ。
スパイスの風味が合います。
生地は、ひとつずつ量りながら丸めると形が揃ってきれい。

焼きいもであれこれ

手頃な大きさのさつまいもをさっと水にくぐらせ、アルミフォイルで包んで180℃のオーブンで1時間焼く。ほくほくに火が通ったら、適当に切り分けてバターと黒糖、シナモン。バターは有塩、もしくは無塩ならほんのひとつまみ塩をふるとおいしい。

オーブン焼きいもを厚さ1cm以上にならないように縦にスライスして、カラッと晴れた日に丸1日くらい干すと、自家製の干しいも。

短冊に切り分け、キャラメリゼするのもおいしい食べ方です。フライパンにバター（有塩でも無塩でも）小さじ1と砂糖大さじ2をふって中火にかけて溶かし、焼きいも1本分を並べてからめる。いい色がついてきたら火からおろし、粗熱を取ってからどうぞ。

材料＞さつまいも、バター、黒糖、シナモンパウダー、塩

フライパンで焼くお菓子

焼きすぎかな？と思うくらいにこんがりと。
表面がパリッとして香ばしく、コーヒー紅茶、どちらもよく合う。
パンケーキのちょっと違った焼き方。シンプルに食べるか、
ホイップクリーム、クリームチーズ、
はちみつ、アイスクリームで仕上げるかはお好みで！

りんごのパンケーキ

材料　直径約 20cm 1 枚分 >

パンケーキ生地
　薄力粉　100g
　ベーキングパウダー　小さじ⅓
　卵　1個
　牛乳または豆乳　100ml
　砂糖　40g
りんご　大きめ¼個
無塩バター　約50g
砂糖　20g
植物油

1　卵をボウルに入れてときほぐし、牛乳（好みで豆乳）と砂糖を加えて混ぜ合わせる。薄力粉とベーキングパウダーを合わせてふるう。粉に卵液を加え、泡立て器で粉気がなくなるまで手早くぐるぐると混ぜる。

2　縦に4つ割りしたりんごの皮をむき、芯を切り取って横に8等分する。

3　フライパンに無塩バター20gと植物油小さじ½を温め、りんごを並べ入れる。1の生地をレードルでそっと流し入れ、蓋をして弱めの中火で2〜3分間焼く。フライ返しで裏側をそっと見て、焼き色がついてきたら上下を返して両面を焼き上げ、いったん取り出す。フライパンに砂糖20gをふり、最初に焼いた側を下にして戻し、弱火で1〜2分間、砂糖が溶けて濃い色がつくまでこんがりと焼く。

4　器にのせ、小さくカットした無塩バター（約30g）を点々とのせる。

パンケーキの生地にはちみつを加えて
少ししっとりさせた生地。もっと甘くすると、
本格的などら焼き生地になるのでそこは好みで。
あんずジャムを挟むと、
昔ながらの和洋菓子店の懐かしいワッフル風。
考えてみれば、ちょっと甘みの強いパンケーキに
あんこを挟んだのがどら焼きですね。

半月どら焼き

材料　直径約6cm 8個分>
パンケーキ生地の材料
　（p.21「りんごのパンケーキ」参照）
はちみつ　大さじ1
こしあん　約160g
植物油　少々

1　「りんごのパンケーキ」の手順1（p.21）の要領で材料を合わせ、はちみつ大さじ1を加えて、どら焼きの生地にする。

2　フライパンに植物油を温めて軽く拭き取り、1の生地をレードル半分ほど（約30ml）流し入れる。パンケーキの要領で上下を返しながら両面を焼き、キッチンクロスの上に取る。

3　1枚につきこしあん20gをのせ、半分に折って端を軽く押さえる。粗熱が取れたら乾かないようラップフィルムに包んでおくとよい。

ドロップビスケット

ティー

生地はスコーンとほぼ同じ。少しだけ甘くして、フライパンで平たく焼きます。生地がちょっと詰まった感じに、素朴に焼き上がるので、そのままパクッと食べるのがおいしい。お焼き同様、両面が平らに、乾いた感じにカリッとして。そこがフライパン焼きのよさ。そして、気楽です。

材料(カランツ以外)を「基本の大きなスコーン」の手順1〜2（p.35）の要領で合わせて生地を作る。カランツを混ぜてひとまとめしてから、打ち粉をした台にとって軽くこね、6等分してラフに丸める。フライパンに油を温めて軽く拭き取り、丸めた生地を並べて蓋をする。弱火で4分ほど焼いて裏返し、フライ返しで軽く押さえて両面同様にこんがりとするまでじっくり焼き上げる。

材料　6個分＞
薄力粉　150g
全粒粉　30g
ベーキングパウダー　小さじ2
砂糖　50g
無塩バター　50g
牛乳　約120ml
カランツ　小さじ1

ウェルシュ風ケーキ

本物のウェールズの伝統菓子、ウェルシュケーキは、
もっとリッチな、バターと砂糖、卵が多い生地。
その甘みと油脂を控えめにして、
バターやはちみつをつけて食べるのもおいしいかな、
ということでこんな配合に。
ふかっとやわらかいクラッカーという感じ。
たくさん作って冷凍し、焼き直してもおいしい。
バターとはちみつをかけてミルクティーとどうぞ。

ティー

材料　約20枚分＞

A｜薄力粉　250g
　｜全粒粉　30g
　｜ベーキングパウダー　小さじ½
　｜塩　1つまみ
　｜砂糖　50g
無塩バター　100g
レーズン　40g
牛乳　60ml
添えるバター、はちみつ　好みで

1　材料Aを合わせて、ボウルにふるい入れる。小さなさいの目に切って冷やしておいた無塩バターを加え、手ですり混ぜながらパン粉状に細かくする。そこにレーズンを加え、牛乳を加えてゴムベラでひとまとめにする。

2　生地を軽く打ち粉（分量外）をした台に取り出し、めん棒で厚さ5〜6mmにのばす。

3　直径5cmの型で抜き、抜いた後の生地も詰め直して同様にする。温めたフライパンに並べ入れて中火で焼き、上下を返して両面をこんがりと仕上げる。

高菜とあんこの お焼き

フライパンの焼き菓子「ドロップビスケット」(p.23)の、日本の素朴おやつ版とも言えそうなお焼き。どちらも焦らずじっくり焼くのがコツで、徐々に火を通すようにすること。生地をこの倍くらいの量で作って、冷凍しておくとまたのお楽しみができる。いきなり団子(p.65)より少し厚めで、小麦粉の生地が主役といった感じ。

材料　あん2種 各3個分>
薄力粉　200g
塩　小さじ¼
ベーキングパウダー　小さじ1弱
水　130ml
植物油　小さじ2
高菜炒め(p.139「高菜飯」の手順2)
　約100g
小倉あん　約100g

1　まず生地を作る。ボウルに薄力粉と塩、ベーキングパウダーを合わせてふるい入れる。そこに油を加えてゴムベラで手早く混ぜてなじませてから、水 130ml を加えて手早くまとめる（乾燥した日はまとまりにくいので、少し水を足す）。ひとまとめにして、軽く打ち粉（分量外）をした台に取って、表面が少しなめらかになって扱いやすくなるまでこね、丸める。ボウルに入れ、軽く濡らしたふきんをかぶせ、温かいところに置いて 30 分ほど休ませる。

2　1の生地を 6 等分し、手で丸めて平らにのばしていく。縁が薄くなるようにのばし、具（高菜炒め、または小倉あん）を真ん中にのせ、四隅から生地を引っ張って集め、真ん中で閉じる。隙間を閉じ、中心でつまんで手で丸めて形を整える。

3　フライパンに油（分量外）を少し温め、軽く拭き取ってから 2 を、閉じ目を上にして並べ入れる。蓋をして、弱めの中火で蒸し焼きし、じっくり火を通す。下面に焼き目がついたら上下を返して同様に焼き上げる。

ひんやり冷たいお菓子

寒天に葛粉を加えて冷やすと、ぶるんと少しやわらかめに固まってそれもおいしいもの。
フルーツはいろいろミックス。デパートやスーパーの盛り合わせを利用すると便利。
酸味が足りない場合は、少しレモンを搾るといい。
リキュールを入れずにこしあんを一緒に盛ってもいい。フルーツあんみつ風になります。

材料　4〜5人分>
寒天（粉末）　3g
葛粉　10g
水　400ml
砂糖　60g
はちみつ　大さじ1
コアントロー、キルシュなどのリキュール　小さじ1
好みのフルーツ（メロン、ブルーベリー、パイナップル、オレンジ、いちご、キウイなど）　適量

1　寒天と葛粉をボウルに入れ、水100mlを加えて溶きのばし、茶漉しなどで漉して鍋に入れる。砂糖を加え、水300mlを少しずつ加えながら泡立て器で混ぜる。
2　中火にかけて、木べらで混ぜながら加熱する。しばらく煮立てた状態で混ぜながら煮詰める。2分ほどで火を止め、温かいうちに器に流し入れ、粗熱を取ってから冷蔵庫へ。5時間以上、しっかりと冷やし固める。
3　フルーツを細かくきざみ、はちみつと好みのリキュールをふって混ぜる。2の寒天にのせる。

葛入りしょうが寒天フルーツのせ

甘酒白玉

白玉は、あんこを添えてもお汁粉に入れても
きな粉をかけてもおいしいおやつ。
湿度が高い日は水少なめ、
乾燥した日はその逆と覚えて生地作りを。

材料　4人分>
白玉粉　150g
砂糖　小さじ½
水　約180ml
甘酒　300ml
黒糖　適量

1　白玉粉と砂糖をボウルに入れる。水をまず100ml加えてざっと混ぜ、あとは大さじ1くらいずつ様子を見ながら加えて、ちょうど丸めやすいくらいのやわらかさにする。ボウルの中で生地をたたんだりもんだり、2〜3分間しっかりこねる。こねたほうがおいしくなる。

2　たっぷりの湯を鍋に沸かしておく。白玉生地を1個15g目安で丸め、真ん中をくぼませて湯に落とし、いったん沈んで浮き上がったらそのまま約1分間ゆでて、氷水に取る。中心を押して芯が残っているようなら、さらに30秒ほどゆでると確実に火が通る。

3　グラスに甘酒を注ぎ、白玉を入れて黒糖をかける。

材料 >
紅茶（くせのないタイプ）
　茶葉小さじ1
　またはティーバッグ1個
水　300ml
シナモンスティック　1本
クローブ　2本
黒粒こしょう　2個
ビターチョコレート　約50g
バニラアイスクリーム　適量

1　鍋にシナモンスティックを割って入れ、クローブ、黒粒こしょう、水を入れて中火にかける。3〜4分間煮てスパイスの風味を煮出してから、紅茶の茶葉またはティーバッグを加えて火を止める。蓋をして2〜3分間蒸らし、ポットかピッチャーに漉して入れる。氷水に浸けて急冷する、または時間があれば冷ましてから冷蔵庫へ。

2　ビターチョコレートは包丁で細かくきざんでおく。器にアイスクリームを入れ、アイスティーを静かに注いでチョコレートで仕上げる。

ティーアッフォガート

アイスクリームにエスプレッソをかける、
イタリアのアッフォガートを紅茶で。
スパイスティーにするのがポイントです。
スプーンかディッシャーでアイスクリームをすくってのせ、
細かくきざんだビターチョコレートをたっぷりふりかけて。
アイスクリームを溶かさないやり方。すぐ溶けてきますからね。
スパイスはシナモン中心。シナモンだけでもいいし、
カルダモンを加えても香りがいい。

材料　仕上がり約 400ml >
ココアパウダー　大さじ3
砂糖　100g
黒糖　20g
水　　100ml
牛乳　300ml

1　ココアパウダー、砂糖、黒糖を鍋に入れ、少量の水（分量外）で溶きのばしてペーストにする。

2　水100mlを加えて中火にかける。泡立て器で混ぜながら煮立てて火を止め、牛乳を注ぎ入れる。粗熱を取り、バットなどに流して冷凍庫へ。半分ほど固まったところで最低限1回は混ぜること。2時間ごとに2〜3回混ぜるとほどよい粗さに固まる。

ミルクココアソルベ

このソルベ、
多めに牛乳が入っているので
完全に固まっても、
カチカチにはなりにくい、
扱いやすい冷菓なんです。
そのまま食べるとどことなく懐かしく、
香りのいいリキュールがあったら
ほんの少し加えてみると
洒落た味にもなるというもの。
さっぱりしているのも、ココアならでは。

お茶といえば、スコーン

基本の大きなスコーン > p.34

　お茶はさまざまあれど、紅茶に合わせるなら答えはスコーン。イギリスのお茶の時間の代表格です。小麦粉のパン、ビスケット、ケーキを合わせたような、あるいはどれにもあてはまらないのがスコーンの魅力。あてはまらないわけは、食べ合わせでどのようにでもなってしまうから。ナイフで半分に分けて、クリームとジャム、バターとジャム、あるいはクリームといちごにキャラメルソースでもかけたら、もうそれは夢のようなデザートなのですから。チーズを挟めば酒の供にだって。朝ご飯から夜食まで、なんと守備範囲の広いことよ。それにも増して、小麦粉を土台に練る生地の面白さを考えれば、一生もののお菓子だと言えるでしょう。

　スコーンの由来はパン、そして石に関係するとか。たしかに、丸く抜いた形が石のようでもあります。生地に卵を入れるか否かでも感じが変わります。私は卵なしの、パンの代わりになりそうなシンプルな材料で作りますが、たびたびに試す配合の違いが興味深く、生地は年々素朴さを増しています。昔はもっと可愛らしく作っていたはずなんだけど。ふとあんこに合う生地はなんだろうかと考えて、より素朴に香ばしさを加えたり、丸くのばして大きく焼いたもの、ちぎってそのまま焼いたごついもの、残った生地をタルトにしてみたり。永遠に終わりそうのないスコーン作り。レシピはきっちりしていそうなスコーン生地ですが、繰り返し作ると、じつはとても私的なものだと気づきます。気に入った自分のレシピを手に入れるには、まずは作ってみること。きっとやめられなくなる。

あんこに合うブラウンスコーン > p.36

基本の大きなスコーン

基本のスコーンは、生地をたっぷり作って大きく焼くのがおいしい。
焼きたてをナイフで半分にして、
酸味のあるクリームをのせてお茶と一緒に。
さらにジャムをのせると、ティータイムの夢の味です。

材料　大きなスコーン約6個分＞
中力粉（または薄力粉）　380g
全粒粉　20g
ベーキングパウダー　大さじ2
砂糖　70g
無塩バター　120g
牛乳　200ml
添えるクリーム
　砂糖　大さじ1
　生クリーム　100ml
　サワークリーム　100ml

スコーンには無塩バターやクリーム、
ジャム、はちみつなど好きなものを。

1　無塩バターを小さなさいの目にきざんで、冷やしておく。中力粉と全粒粉、ベーキングパウダーを合わせてふるい、ボウルに入れる。砂糖を加えて混ぜ、つぎにバターを加え、バターに粉をまぶしつけながら指でつぶし、細かくなってきたらぎゅっと握るようにして、粗いパン粉のような状態にする。

2　1に牛乳の半量を加え、ざっと混ぜる。残りも加えて全体を大きく混ぜながらひとまとめに。乾燥している日は、さらに大さじ1〜2くらい加えてまとめる。気温の高い日はバターが溶けやすいので、生地を冷蔵庫に入れて軽く冷やす。

3　まな板などの台に軽く打ち粉（分量外）をし、生地をのせる。手に粉を少しつけ、まずざっと丸く整えてから折りたたむように3〜4回こねて、粉を少しふっためん棒で生地をのばす。3cmほどの厚さにして直径7cmの丸型で抜き、オーブンペーパーを敷いた天板に並べる。刷毛で牛乳（分量外）を軽くぬり、190℃のオーブンへ。生地が膨らんで焼き色がくっきりとつくまで18〜20分ほど焼く。

4　スコーンを焼いている間に、サワークリームと砂糖をボウルに入れ、生クリームを加えて練りのばし、冷やしておく。

あんこに合うブラウンスコーン

焼き上がりはとても素朴で、胚芽の少し甘い香りがするから、あんこにぴったりなんです。バター、砂糖は少なめなので、ホイップクリームと粒あんをたっぷり挟んだりのせたり。直径4cmの型を使って小さめに焼きます。

中力粉、ベーキングパウダーを合わせてふるい、ボウルに入れて、そこに全粒粉、ロースト胚芽、砂糖、塩を加えて混ぜ合わせたら、あとは「基本の大きなスコーン」の手順（p.35）と同じ。抜き型は4cmくらいの小さめのものを用意。基本のスコーン同様に焼き上げる。

材料　約16個分＞
中力粉（または薄力粉）　330g
全粒粉　60g
ロースト胚芽　15g
ベーキングパウダー　大さじ2
砂糖　40g
無塩バター　80g
牛乳　約200ml
塩　1つまみ
粒あん（手作りのあんこはp.12参照）、
　生クリーム（泡立てる）　各適量

ティー

レーズンスコーン

三角のケーキ形のスコーン。小さく丸めて焼くとまったく違う雰囲気になるのでそちらもお試しを。少し甘みを強めたので、砂糖を加えないホイップクリームやクリームチーズが合います。

基本のスコーン材料に砂糖20gを追加して生地を作り(p.35の手順1～2参照)、黒とグリーンのレーズンを混ぜ込む。打ち粉した台にとって軽くこね、丸くまとめてめん棒で厚さ約2cmの円形にのばす。生地の厚みの2/3くらいまで放射状に切り込みを入れ、190℃で18～20分間焼く。

材料　8個分 >
基本の材料(p.34) + 砂糖 20g
レーズン(黒とグリーン)　各40g

チーズスコーン

塩味のスコーン。レッドチェダーチーズのコクと香りもあるので、イギリス繋がりで黒ビールに合いそう。甘いスコーンと組み合わせてもいい。

レッドチェダーチーズを5mmくらいの角切りにする。基本のスコーン材料に塩とチーズを加えて生地を作り（p.35の手順1〜2参照、1で砂糖と一緒に塩とチーズを入れる）、打ち粉をした台にとって軽くこねる。厚さ約3cmの円形にのばし、2等分してからほぼ同じ大きさになるように三角に切り分けていく。何もぬらずに190℃のオーブンで15〜18分間焼く。

材料　ラフな切り分け10個分＞
基本の材料(p.34) ＋塩小さじ¼
レッドチェダーチーズ　100g

ナッツスコーン

基本のスコーン生地(作り方 p.35 の手順 1 〜 2)にアーモンドを斜めにきざんだものを加えて軽く練り、1 個 30g を目安に丸く形作って焼くこと 15 〜 18 分間。2 時間以上水切りしたヨーグルトを器に入れ、はちみつを加えてひと混ぜしたものをのせてどうぞ。あるいは、濃い風味のサワークリーム、塩気のあるクリームチーズを好みで。

下記レシピは、基本のスコーン生地(p.34)の半分量です。少なめのボリュームを気楽に焼くのもいいですよ。

材料　小さめ約 12 個分>
中力粉(または薄力粉)　190g
全粒粉　10g
ベーキングパウダー　大さじ 1
砂糖　35g
無塩バター　60g
牛乳　約 100ml
アーモンド　30g
ヨーグルト、はちみつ、サワークリーム、クリームチーズなど　好みで

スコーンのジャムタルト

型で抜いた後に残った生地（いわゆる二番だね）は、丸め直すだけでなく食べ方を変えてみるといい。そこで基本のスコーンの二番だねを30gずつ量って丸め、手でのばしてみた。うーん、まさにこれは食べられる粘土細工。

生地が8個分とれたので、半分は縁高に、半分はほぼ平らに。平らなほうには黒こしょうを挽いて軽く押さえておきます。190℃で10分間焼いて取り出し、縁高には「おいしいジャム」をのせ、平らなほうはそのままさらに7〜8分間。端切れの生地にもったいないと思うなかれ。ジャムが少し煮詰まった風味は濃く、香り高い。濃いめに淹れた紅茶とぴったり、上等な味。生地の端っこは、ぜひこのタルトに。黒こしょうのほうは、チェダーやカマンベールなどチーズをのせると酒の供にもどうぞ。

材料＞
基本のスコーン（p.34-35）の二番生地、ジャム、黒こしょう、好みのチーズ

丸いケーキの楽しみ

スパイスハニーケーキ

丸く、少し薄めに焼くケーキは、焼き時間が短くて材料も少なめ、
好きな風味でアレンジできる、毎日でも作りたいお菓子。
スパイスは、クローブの代わりにナツメグを少し入れるとまた違った風味。
シナモンとカルダモンだけにすると、北欧のシナモンロールの味になる。
砂糖の半量を黒糖にするなど好みでアレンジを。

材料　直径22cmの丸型1台分>
薄力粉　110g
A ｜ シナモン（パウダー）　小さじ⅔
　｜ クローブ（パウダー）　小さじ¼
　｜ カルダモン（パウダー）　小さじ¼
　｜ ジンジャー（パウダー）　小さじ¼
ベーキングパウダー　小さじ½
卵　大2個
砂糖　60g
はちみつ　50g
無塩バター　50g
牛乳　大さじ2

生クリーム　100ml
サワークリーム　100ml
バナナのキャラメリゼ（p.58）

1　薄力粉、スパイス4種（材料A）、ベーキングパウダーを合わせてふるい、ボウルに入れる。別のボウルに卵を割り入れ、砂糖を加えてときほぐし、はちみつを加えて、軽く泡が立つくらいまでさらに混ぜる。

2　フライパンか小鍋に無塩バターを入れ、弱火にかける。バターが溶けてきたら、火からはずしたり戻したりしながら焦がさないように溶かし、そのままおく。

3　オーブンペーパーを型に合わせて切る。半折を4回繰り返してから開き（放射状に16分割の折り目がつく）、型に置いて長さを確かめてから余計な部分を切り落として型に敷く。

4　ふるった粉に卵液を一気に流し入れ、泡立て器で粉気がなくなるまでどんどん混ぜていく。途中、底に粉がたまらないように大きく返しながら混ぜる。そこに2の溶かしバターと牛乳を加えて、同様に手早く混ぜ合わせる。

5　オーブンを170℃に温める。3のオーブンペーパーを敷いた型に、生地を流し込む。中心に生地を落として動かさずに自然に広げ、ゴムベラなどですみまで平らにならす。型を15cmくらいの高さに持ち上げては台に落とし、を3〜4回。気泡が上がってきたら、竹串でつぶして、オーブンへ。20分間焼いて取り出し、粗熱を取る。

6　中心に十字に切り込みを入れてから8等分し、器に盛る。添え用の生クリームとサワークリームをよく混ぜ合わせ、ケーキにのせる。その上に、バナナのキャラメリゼ(p.58参照。作りたて、または作り置いてもいい)をのせる。

こしあん入りの生地にゆで小豆を散らし、さらにこしあんを挟んで食べるという、あんこを味わうサンドイッチケーキ。ほうじ茶、番茶、ミルクティーにも合いそう。

生地作りの手順は「スパイスハニーケーキ」(p.43〜44)と一緒で、甘みづけの材料を変えています。卵をとく時に、砂糖と一緒にこしあん30gを加え、生地を型に流し入れたら、上にゆであずきを散らしてからオーブンで焼きます。粗熱を取ってから厚さを2等分。こしあん約70gをナイフなどで均一にのばしてサンドイッチに。

材料　直径22cmの丸型1台分 >
- 薄力粉　110g
- スパイス4種(p.43の材料A)
- ベーキングパウダー　小さじ½
- 卵　大2個
- 砂糖　70g
- 黒糖　10g
- 無塩バター　50g
- 牛乳　大さじ2
- こしあん　100g
- ゆであずき　30g

あんサンドケーキ

直径22cm

なぜ「丸いケーキ」なのか？と言いますと。私はといえば、薄めに平らに焼いたお菓子の形が好きで、もしそれを丸い型で焼くなら、直径は22cm、8等分のバランスが好きなのです。切り分けて細すぎず、ある程度のボリュームがあり、エッジがはっきり出やすい。このエッジがくっきりすることは、丸いケーキには大切な部分。直径15cmでは実現しないお菓子のたたずまいが実現します。材料の配合は種類によって多少変わっても、卵は2個。材料はさほど多くはなく、薄めに焼き上がるケーキは、膨らむかどうかにドキドキする人向けに考えたもの、とも言えます。砂糖の種類、クリームやフルーツ、リキュールに粉砂糖と、合わせるものによって印象もさまざま。そんな丸ケーキです。

オーブンペーパーで形を作る

加工してある型なら不要な、型に敷くオーブンペーパーですが、使うことをおすすめしたいのには理由あり。型に合わせて放射状に折って折って16等分ほどにし、敷き込むのですが、縁の立ち上がりの部分は「あいまい」にしておきます。生地が流れるなりにまかせ、縁のフリフリは少し整える程度。ケーキの縁がゆるいウエーブ状に焼きあがります。もちろん、型からケーキをはずすのにもペーパーがあれば安心。どれも素っ気ないような丸いケーキですが、飾りもないのになんだか可愛いのはどうして？と聞いた人がいましたよ。

クリームをケーキのお供に

焼き菓子や蒸し菓子にクリームを添えると、それだけでお皿の景色が変わります。少し大きめの器に盛ってみるのもいいもの。お菓子の印象のデザート感アップが期待できます。ひとことでクリームといってもいろいろなアレンジがあり、ヨーグルトを数時間〜半日水切りして練る、サワークリームを牛乳でのばす、クリームチーズを練る、といったものに生クリームを混ぜ合わせるのが、簡単でおいしい。いずれも酸味がポイントで、メリットはというと、混ぜ合わせて少し冷やすと、泡立てるのとは違った、酸味が利いてなめらかなクリームになるところ。

ココナッツバナナケーキ

バナナはよく熟したものを2本用意。皮をむいて厚みを2等分し、½本分を細かくきざんでフォークでつぶす。これは生地に混ぜる用。残りはそのまま生地に焼きこみます。ひっくり返すとバナナが横たわっているというわけです。

「スパイスハニーケーキ」の薄力粉の一部をココナッツパウダーに代え、同じ要領で生地を作り(p.43〜44の手順1〜4)、最後につぶしたバナナとココナッツファインを加えて混ぜ合わせる。型にカットしたバナナの切り口を下にして並べ、生地を流し入れて170℃のオーブンで焼き上げる。粗熱を取り、上下を返す。バナナ中心にザラメ糖をふりかけ、無塩バター20gを点々と落としてもう一度オーブンへ。190℃で10分ほど、少し焼き色をつける。

ひっくり返して2度焼きし、表面をカリッと仕上げてみました。楽しい食感ですよ。何か添えるとしたら、甘みを加えずにホイップしたクリーム、水切りヨーグルト、さっぱりしたアイスクリームが合います。

材料　直径22cmの丸型1台>

薄力粉　90g
ココナッツパウダー　30g
スパイス4種(p.43の材料A)
ベーキングパウダー　小さじ½
卵　大2個
砂糖　90g
無塩バター
　(溶かしバターにする)　50g
牛乳　大さじ2
つぶしたバナナ　½本分
ココナッツファイン　30g
バナナ　1.5本分
ザラメ糖　20g
無塩バター　20g

レモンケーキ

薄力粉と上新粉を半々にして、レモンの皮と果汁を加えた生地。
レモンの皮を使うとき、普通は黄色い部分だけが鉄則とされていますが、あえて白いところも加えてみる。
その苦みもレモンの持ち味。びっくりでしょう？　でも、レモンケーキの味が立体的になります。
上新粉は米粉。グルテンが含まれないので、ぽくっともろい生地に仕上がる。なければコーンスターチや片栗粉でも。
食べる前にそっと切り分け。甘さ控えめに、とろりと泡立てた生クリームを添えて。

材料　直径22cmの丸型1台＞
薄力粉　55g
上新粉　55g
ベーキングパウダー　小さじ½
卵　大2個
砂糖　90g
はちみつ　20g
レモンの皮と果汁　½個分
無塩バター（溶かしバターにする）50g
牛乳　大さじ2
粉砂糖　少々

生クリーム　約200ml
砂糖　小さじ2

1　薄力粉、上新粉、ベーキングパウダーを合わせてふるい、ボウルに入れる。別のボウルで卵と砂糖を混ぜ、はちみつを加えて泡立てる。レモンの皮を、白い部分が少し入るようにすりおろす。
2　1の粉に卵液を流し入れ、泡立て器で粉気がなくなるまで混ぜる。レモンの皮のすりおろしと果汁を加え、溶かしバターと牛乳を加え混ぜる。
3　ベーキングシートを敷いた直径22cmの型に2の生地を流し込み、170℃のオーブンで20分間焼く。
4　取り出してしばらくおき、温かいうちに上下を返す。粉砂糖を全体に薄めにふる。完全に冷めたらもう一度ふる。生クリームに砂糖を加えてとろりとした状態に泡立てて、切り分けたケーキに添える。

焼きいもケーキ

干し柿を添えて緑茶と。

表面に焼きいものカットを散らして焼きこみます。のせ方にもコツがあり、真ん中を避けて置くこと。
中心がつぶれたりせっかくの焼きいもがはずれたりしなくてきれい。切り分けてみるとバランスもよく見えます。
細めに切って、干し柿を一緒に盛り合わせると秋の景色。何度もおかわりしそう。

材料　直径22cmの丸型1台＞
薄力粉　110g
卵　大2個
砂糖　100g
はちみつ　大さじ1
無塩バター（溶かしバターにする）
　30g
牛乳　大さじ2
焼きいも　小さめ1本
和三盆糖　少々

1　左記の配合で、「スパイスハニーケーキ」の手順1〜4（p.43〜44）と同じ要領で生地を作る。
2　焼きいもをひと口大に切り分ける。
3　生地を型に流し入れ、焼き芋を円の中心をはずして散らしてのせる。170℃に温めたオーブンに入れて焼き上げ、取り出して冷ます。和三盆糖を茶漉しでふるってかける。ほかのブラウンシュガー、甜菜糖でもいい。

キャラウェイチーズケーキ

キャラウェイというスパイス、あまりなじみがないかもしれませんが、
パンにクッキーに、焼き菓子全般に風味を加える、少し甘くて芳しい香りのスパイスです。
チーズと合うベリー、もも、プラム類を砂糖やはちみつで和えたものを添えてもいいし、
もちろんフルーツなしで、クリームを添えるだけでもおいしい。

材料　直径22cmの丸型1台＞
薄力粉　30g
コーンスターチ　70g
クリームチーズ　100g
卵　大2個
砂糖　100g
キャラウェイシード　小さじ1
レモンの皮と果汁　¼個分
無塩バター（溶かしバターにする）　50g
牛乳　大さじ2

いちごのコンポート(p.56)　好みで
生クリーム　200ml
砂糖　小さじ2

1　薄力粉、コーンスターチを合わせてふるい、ボウルに入れる。
2　常温に置いてやわらかくしたクリームチーズに、砂糖、卵、レモンの皮と果汁、牛乳、キャラウェイシードを加えて混ぜる。これを1の粉のボウルに加え、泡立て器で粉気がなくなるまで混ぜる。さらに、溶かしバターを加え混ぜる。
3　ベーキングシートを敷いた直径22cmの型に2の生地を流し込み、170℃のオーブンで20分間焼く。
4　取り出したら完全に冷まし、いちごのコンポート、砂糖を加えてとろりと泡立てた生クリームを添える。

レーズンアーモンドケーキ

焼き上げたら粗熱を取り、上下を返して、切り分け。器にのせて、カルバドスをふりかけてみた。ホイップクリームもよく合うのでぜひ用意してください。ダークラム、アマレット、コアントロー、グランマニエなど、香りのいいお酒を好みの量でどうぞ。他のケーキより少し粗さのある生地なので、リキュールがなじみやすい。リキュールの味わい方のひとつでもあると思います。

材料　直径22cmの丸型1台＞
薄力粉　80g
皮付きアーモンドパウダー　50g
ベーキングパウダー　小さじ½
卵　大2個
砂糖　100g
はちみつ　大さじ1
無塩バター（溶かしバターにする）
　50g
牛乳　大さじ2
レーズン　40g
好みのリキュール　適宜

1　薄力粉とベーキングパウダーを合わせてふるい、ボウルに入れる。アーモンドパウダーを加え混ぜる。
2　別のボウルで卵と砂糖、はちみつを加えて混ぜる。この卵液を、1の粉のボウルに加え、泡立て器で粉気がなくなるまで混ぜる。溶かしバターと牛乳を加え混ぜて生地とし、レーズンを加える。
3　ベーキングシートを敷いた直径22cmの型に流し込み、170℃のオーブンで20分間焼く。粗熱を取って切り分け、器に盛って好みのリキュールをかける。

生地を型に流したら、「焼きいもケーキ」(p.50)同様に真ん中を避けてアーモンドを散らすと、きれいに切り分けができる。チョコレートは、好みでミルクチョコレートでも、うんとビターなものでもいい。コーヒーは風味づけの効果でもあるので、ぜひ入れてみてほしいもの。しっかりめに泡立てたクリームを添えて。

材料　直径22cmの丸型1台＞
薄力粉　70g
ベーキングパウダー　小さじ½
ココア　25g
細挽きのコーヒー　小さじ1
卵　大2個
砂糖　80g
セミスウィートチョコレート
　　100g
はちみつ　大さじ2
無塩バター（溶かしバターにする）
　　50g
牛乳　大さじ2
アーモンドスライス　30g

1　薄力粉、ココア、ベーキングパウダーを合わせてふるい、ボウルに入れる。コーヒーを加え混ぜる。チョコレートは、「マンディアン」(p.10)の要領で湯煎で溶かしておく。

2　別のボウルで卵と砂糖を混ぜ、はちみつと溶かしたチョコレートを加える。これを1のボウルに流し入れ、泡立て器で粉気がなくなるまで混ぜ合わせる。溶かしバターと牛乳を加え混ぜて生地とする。

3　ベーキングシートを敷いた直径22cmの型に流し込み、リング状にアーモンドスライスをふって170℃のオーブンで15分間で焼いて、冷ます。

チョコカフェケーキ

チーズコーンブレッド

甘いケーキのなかに、ひとつだけ塩味のものを。もちろんお酒にも合うので、お酒の供として焼いても。
その場合は、ゆずこしょうを生地に加えるというのもおいしい。
焼き上げたら温かいうちに食べてもいいし、完全に冷めてからでも。軽くトーストするのもおすすめ。

材料　大2個＞
薄力粉　70g
コーンフラワー　40g
ベーキングパウダー　小さじ½
塩　1つまみ
卵　大2個
砂糖　60g
無塩バター（溶かしバターにする）
　20g
オリーブ油　大さじ2
牛乳　大さじ2
グリーンオリーブ（種抜き）　10個

1　薄力粉、コーンフラワー、ベーキングパウダー、塩を合わせてふるい、ボウルに入れる。
2　別のボウルで卵と砂糖を混ぜ合わせ、これを1の粉のボウルに流し入れる。泡立て器で粉気がなくなるまで混ぜ合わせる。そこに、溶かしバターとオリーブ油を加え、牛乳を加え混ぜる。
3　生地をオーブンシートを敷いた直径22cmの型に流し入れる。ひと粒を2〜3に切り分けたグリーンオリーブを表面に散らす。狭い範囲でよいので、中心は避ける。170℃のオーブンで20分間焼く。

フルーツの香るお菓子 ティー

いちごのクランブル 作り方>p56

焼きたて、ほの温かく、常温、冷たく…そのつどおいしいのが、
フルーツにクッキー生地のそぼろをのせて焼いたクランブル。
残ったらオーブンやトースターで軽く焼いてもいいですよ。
焼きたてにリキュールをふると、香りが立ってかなり大人っぽいデザート。
小粒のいちごが出た時、ブルーベリーやバナナ、
プラムやあんずなど、季節のもので。
フルーツをミックスしてアレンジしても。

いちごのクランブル

材料 つくりやすい量>

クランブル
| 薄力粉　200g
| 砂糖　100g
| 無塩バター　100g
いちご（小さめ）　2パック
砂糖　60g
スライスアーモンド　30g
砂糖　大さじ2
リキュール（好みで）

1　クランブル生地を作る。ボウルに薄力粉と砂糖をふるって入れ、そこに角切りにして冷やしておいた無塩バターを加える。手ですり混ぜながら細かいそぼろ状にしてポリ袋に入れ、冷蔵する。

2　いちごは洗って水気を拭き取り、へたを切ってボウルに入れる。砂糖60gをふりかけて混ぜてから、耐熱容器に移す。その上に1のクランブルをほぐしながら散らしていちごを覆う。スライスアーモンドも全体に散らす。砂糖大さじ2程度を全体にふり、190℃のオーブンで30〜40分間、こんがりと焼く。

いちごときんかんのコンポート

アイスクリームをのせたりサワークリームと生クリームを半々に泡立てたクリームをのせたり。シロップは炭酸で割ってもおいしい。ビールの香りづけに入れるのもおすすめ。

材料>

いちご（小さめ）　1パック
きんかん　10個
シロップ
| 砂糖　200g
| 水　400ml
| はちみつ　大さじ3

1　いちごは洗ってへたを切り、水気をふき取る。きんかんは横半分に切って、竹串で種を取っておく。

2　鍋に分量の水と砂糖を入れ、中火にかける。煮立ったら強火のまま4〜5割量になるまで詰めて、はちみつを加えて火を止める。

3　2のシロップの半分をボウルに移し、熱いうちにいちごを投入。ラップなどで蓋をしてそのまま冷めるまでおく。残りのシロップの鍋にきんかんを入れ、中火で3分ほど煮て火を止め、蓋をして冷めるまでおく。あとは冷蔵。シロップを軽く切ってグラスに入れる。

ティー

りんごとバナナのコブラー

深さのあるパイ皿にフルーツを詰めて、やらかめのビスケット生地をのせたり敷いたりして焼くお菓子。
クランブルと生地作りの手順は同じ、でも配合の違いでずいぶん違ったお菓子になるのがおもしろいところです。
あまりリッチな生地ではなく、ショートニングを使ったりもするものなので、適当にのせて焼きました。
という感じに仕上げたい。 どんな温度でもおいしい。 熱々にはアイスクリームをのせて。

材料>
薄力粉　150g
ベーキングパウダー　小さじ½
塩　1つまみ
砂糖　40g
無塩バター 50g
牛乳　100ml
冷水　100ml
りんご　小2個
バナナ　大1本
レモン汁　小さじ2
はちみつ　大さじ3
メープルシロップ　大さじ4
オレンジ果汁　½個分

1　薄力粉、ベーキングパウダー、塩をふるってボウルに入れ、砂糖を加えて混ぜる。無塩バターを加えて、手ですり混ぜながら細かいそぼろ状にする。そこに牛乳と冷水を合わせて加え、手早く混ぜて、スプーンですくえるくらいのやわらかい生地にする。

2　りんごの皮をむき、4等分して横に5等分くらいにきざんで耐熱容器に入れ、レモン汁をふる。約1cm幅に切り分けたバナナも入れ、はちみつ、メープルシロップをまわしかけ、オレンジの果汁を搾りかける。1の生地を6等分にしてスプーンでりんごにのせる。180℃のオーブンで30～40分間焼き、生地がこんがりと焼けたらでき上がり。

バナナのキャラメリゼ

バナナの皮をむき、小さければそのまま、あるいは縦2等分に切る。フライパンに砂糖をバナナ1本あたり大さじ1くらい広げてバナナを並べ(切り分けたものは切り口を下に)、弱火にかけて、砂糖が溶けるのを待つ。溶けて煮立ってきたら、フライパンを少し揺すりながらバナナにからめる。色づいてきたらトングで上下を返し、全体にからまったらでき上がり。

アイスクリームや焼き菓子に添えて。残ったソースは水を少しふって煮溶かし、上にかけるといい。ビスケットにのせても。

材料＞バナナ、砂糖

ぶどうとりんごのフリット

北イタリアの民宿で、女主人が作ってくれた印象的なフリット。懐かしくてときどき作ってみる。可愛い味、という印象です。その時は青りんご、ぶどうは種ありでした。アイスクリームを添えたり、もしくはスパークリングなお酒にも。

材料　つくりやすい量＞
りんご　1個
ぶどう(小さめ)　1房
薄力粉　80g
炭酸水　160ml
植物油(太白ごま油などくせのないもの)

1　ボウルに薄力粉をふるい入れ、炭酸水を2回に分けて加えながら泡立て器で溶きのばす。りんごは1cmくらいの厚さに輪切りして芯を抜き(芯抜きかまたは小さなナイフで)、ぶどうは実をはずす。

2　フライパンに植物油を深さ1.5cmくらいに張って温め、衣を少したらしてみてふわっと浮き上がったら、りんごを衣にくぐらせて油に入れる。焦げすぎないよう、ほどよい色に揚げ、油をきる。続けてぶどう。すぐに揚がるので、衣が固まって色づき始めたら引き上げる。りんごと一緒に盛って粉砂糖をふりかける。

ほかほかの蒸し菓子
（ティー）

いろいろ蒸しケーキ　作り方>p60〜

とろりとやわらかい生地を型に入れて蒸す、おやつにぴったりな蒸しケーキです。
配合と材料を少し変えれば、しっかりした食べごたえのあるものから、
ほわほわとして甘いソースが似合うようなものまでいろいろできます。
どれも手軽にできて、個性ある食感と風味。
もう蒸しパンとは呼ばせないですよ！

蒸しケーキのベースになるレシピ

なるべく生地が割れないように丸みを帯びた形に蒸しあげたいので、火加減は強火にしないこと。2/3 くらいのミニサイズに蒸してもいい。

材料　直径7〜8cmの器6個分＞
薄力粉　200g
ベーキングパウダー　大さじ1
卵　2個
砂糖　130g
はちみつ　小さじ2
牛乳　170ml

1　直径7〜8cmくらいのガラスボウルや湯呑みなど底の丸い器を見繕っておき、紙のカップを敷く。蒸籠か蒸し器にたっぷりの湯を沸かす。

2　薄力粉とベーキングパウダーは合わせてふるい、ボウルに入れる。

3　別のボウルに卵と砂糖、はちみつを入れて、泡立て器でよく混ぜ合わせてから牛乳も加えておく。

4　2の粉に3の卵液を流し入れ、手早く粉と混ぜ合わせていく。粉気がなくなるまで一気に混ぜたら泡立て器を持ち上げ、とろとろとやわらかい感じに落ちれば生地の完成。乾燥している時期は、ここで牛乳を大さじ1〜2加えるといい。

5　カップに重さを計りながら生地を入れる。ひとつ120gくらい。蒸籠をいったん鍋からおろし、カップを並べて鍋にのせ、蓋をして中火で約20分間蒸す。蒸し上がったらケーキラックなどにのせて粗熱を取る。ビニール袋に入れて乾かないように保湿。すぐ食べる場合は温かさが、常温まで冷ましてもやわらかさが保たれる。

ゆず蒸しケーキ

ほんのりとゆずの香り。ゆず1/2個の果汁を搾り、皮をすりおろして生地に加える（ベースレシピの手順4、粉に卵液を加えた後）。

材料＞ベースの材料、ゆず1/2個

よもぎ蒸しケーキ

こしあん、粒あん、ゆであずきなどと一緒に食べると、相性よく止まらないおいしさ。乾燥よもぎ10gをよくほぐし、ベースレシピの手順2で粉を合わせたボウルに加えるだけ。このほかに、乾燥のかぼちゃパウダーなどでも同じように作れます。

材料＞ベースの材料、乾燥よもぎ10g

酒粕と甘栗蒸しケーキ

よもぎ同様、酒粕の香りがあずきとよく合うので、あんこをちょっとのせて食べるのもおすすめです。酒粕は、ベースレシピの牛乳で溶いて、生地に加えます。できた生地をカップに入れたら、甘栗1個ずつをのせて蒸し、15分ほどして生地がほぼ膨らんだ頃にそっと蓋を開け、甘栗が表面に飛び出ていたら少し押して埋める。小さく切ったさつまいも、黒豆菓子などに代えてもおいしい。

材料＞ベースの材料、酒粕50g（好みで80gくらいにしてもよい）、甘栗6個

キャラメル蒸しケーキ

イギリスの蒸し菓子、スティッキートフィープディングを、
もう少ししつこさを控えて身近な生地に、と考えたのがこのお菓子。
バターはほんの少しの風味づけにしておきます。
すごく小さく蒸すと、料理の後のデザートにもなりそうです。
ソースとクリームがしみてうっとり。

材料　直径 7〜8 cm の器 6 個分>

生地
- 薄力粉　180g
- ベーキングパウダー　大さじ 1
- 卵　2 個
- 砂糖　130g
- はちみつ　小さじ 2
- 牛乳　180ml

無塩バター　30g

キャラメルソース（作り方 p.142）
- 砂糖　150g
- 水　大さじ 2
- 湯　約 100ml

（またはメープルシロップ
　約 150ml）

生クリーム　大さじ 6

1　材料表の分量を用い、「蒸しケーキのベースになるレシピ」(p.60)の要領で生地を作る。

2　カップ 1 個に、5g にカットした無塩バターを 1 個入れ、キャラメルソースを大さじ 1 弱ずつ入れる。そこに生地を流し込み、ベースレシピと同様に蒸し上げる。

3　器に盛り、生クリームとキャラメルソースを大さじ 1 ずつ回しかける。好みでラムやコアントローを少しふっても。

ココア蒸しケーキ

ココアを加えた生地は、水分を吸収するのか少し締まったような食感で、それがシロップとよく合う。ババ(サバラン)のように、クリームとラム酒を添えれば、贅沢な感じのデザート。

材料　直径7〜8cmの器6個分>
生地
　薄力粉　150g
　ココアパウダー　30g
　シナモンパウダー　小さじ1
　ベーキングパウダー　大さじ1
　卵　2個
　砂糖　120g
　牛乳　170ml
はちみつ　大さじ4
メープルシロップ　大さじ4
生クリーム　100ml
砂糖　小さじ1

1　上記の分量を用いてベースレシピ(p.60)の要領で生地を作り(ココアパウダーとシナモンは粉と一緒にふるう)、カップに流して蒸す。
2　蒸し上がったら粗熱を取り、1個のケーキを4等分する。はちみつとメープルシロップを半々に合わせたものをかける。砂糖を加えて八分立てにした生クリームを添えるのもおすすめ。

シンプルでおいしい郷土のおやつ。これが気楽に作れるようになるとお菓子作りがちょっと変わる。生地は、お焼き（p.26）とほぼ同じような配合と作り方。さつまいもが厚すぎると火が通りにくいので注意してください。

材料　8個分＞
中力粉　150g
塩　2つまみ
植物油　小さじ1
水　80ml〜
さつまいも　細めのもの約8cm
こしあん　約大さじ3

1　ボウルに中力粉をふるい入れ、塩と油を加え、水80mlをふりかけてゴムベラでひとまとめにする。湿度の低い日なら、水を少し足して扱いやすくする。それを軽くこねて生地がなめらかになってきたら、丸く整えて、ボウルに入れる。軽く濡らしたふきんをかぶせて30分ほど温かいところに置く。

2　さつまいもは約1cm幅に切り分けて水に軽くさらし、水気を拭き取る。蒸籠か蒸し器の用意をし、鍋にたっぷりと湯を沸かしておく。1の生地を包丁で8等分し、丸め直す。それを手で薄く広げるように、厚めの餃子の皮という感じにのばし、縁をなるべく薄くする。

3　のばした生地をまな板にのせる。さつまいもにこしあんをぬり、あんの面を下にして生地にのせる。四隅から生地を寄せて真ん中で閉じ、さらに対角同士の隅を中心に寄せて閉じる。それを両手でそっと丸めるようにして形を整え、いったん鍋からおろしてベーキングシートを敷いた蒸籠に並べ入れる。生地がふっくらするまで15分ほど蒸し、粗熱を取る。

いきなり団子

  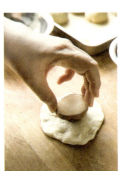

蒸し上がりをすぐ食べてもいいし、常温でも、冷やしてもおいしい。翌日、冷たいデザートとして食べたり、朝ごはんにも。なので、レシピの量は多めです。慣れてきたら、ひとり分を150mlくらいにしてもいい。丼いっぱい食べたい！場合はそれも可能ですが、ほどほどのサイズが無難です。量にかかわらず、にがりは豆乳の1％量を必ず計って加えること。蒸し上がり時間は10分たって固まっているか様子を見て。けっして強火にしないよう注意。

材料　8個分＞
豆乳　800ml
にがり　8g
トッピング：合わせ蜜(p.142)、黒酢、かぼちゃの種(ほか、黒みつ、キャラメルソース、メープルシロップ、甘酒、こしあん、きな粉、しょうが、ごま油、豆板醤、香菜など)

1　蒸籠か蒸し器(2段)にたっぷりの湯を沸かす。豆乳をボウルに入れ、にがりを加えて混ぜ合わせる。小さめの湯呑み、ココットなどカップ状の容器を並べ、ひとり分100mlを目安に注ぎ入れる。蒸籠をいったん鍋からおろして豆乳の容器を並べ入れ、鍋の上に戻す。

2　1に蓋をして、中火で10分間蒸し、火を止めて10分間そのままおいてでき上がり。合わせ蜜をかけて「甘」、黒酢とかぼちゃの種で「辛」仕立てに。

|ティー

甘辛豆花(ドゥファ)

蒸し上がりの温かい豆花に甘酒、常温か冷やしてこしあんときな粉、
しょうがとごま油、豆板醤と香菜、かぼちゃの種と黒酢と合わせてもおいしい。
甘くしておやつやデザートに、塩味で軽食になるので味つけによってはアペロ向き。
豆乳の凝固剤になるものはいろいろあれど、にがりが一番合う気がする。
豆花はやわらかい寄せ豆腐のようなものですからね。

ティーとアペロのひとりごと

ひと区切りする
湯沸かしポットは持ってない。やかんで沸かしたてのお湯はおいしいし、お湯を沸かすことも区切りになる。紅茶のように、高温で淹れるもの、コーヒーや中国茶の一部のように少し温度を下げて淹れるものとあるから、お茶に合わせると、自然とほっとできるというわけ。呼吸は吸うより吐くのが大事というし。

リーフとバッグ
紅茶はリーフティーが本格で正統と思うが、ティーバッグもよく使う。コツは、少し多めに使うことかな。忙しいからティーバッグかといえばそうでもなく、ミルクティーを飲む時、ティーバッグとスパイスをチャイ式に煮出したり、臨機応変に。要は好きなお茶を見つけること。

ミント味
ティーバッグやテトラパックのミントティーが便利なので、欠かさず買い置きしています。紅茶を淹れる時に加えて、フレーバーをつけるため。普通の紅茶にも、ルイボスティーにも合うし、ハーブティーのミントを強めたい時にも。フレッシュがない時の救世主。

香り高く
私は、お茶にもお菓子にも、何かとスパイスを使いたがる。カレー以外のスパイス使いをいつも考えているのだ。シナモン、カルダモン、クローブ。そのくらい身近において使っていくと、お菓子の個性がくっきりと現れるのを日々感じるはず。スパイス使いには、じわじわと実感するのが肝心。

シナモン中心
シナモンとカルダモンの組み合わせが好きだ。北欧のシナモンロールの風味。シナモンとクローブやジンジャー、クローブなどのパン・デピスやスペキュロスの風味も欠かせない。チャイにもシナモンを入れるし、シナモンなくてはスパイス風味のお菓子が成り立たない。シナモンさえあれば、ということでもある。

翌日のスコーン
いわゆる粉もののおもしろさを知ると、スコーンなんかは毎日でも作りたくなる。多くのイギリスのお菓子がそうであるように、スコーンもスコットランド発祥の素朴なパンの仲間。食べる時に作れるのがいいところとはいえ、食べたい時にストックがあるのも魅力的。多めに仕込んで粗熱が取れたら即、冷凍だ。

甘露なひとさじ
焼き菓子や冷菓を特別にするものと言ったら？　仕上げにたらりとかけるシロップやソースです。おやつがデザートになる瞬間でもある。とくにキャラメルソースの威力と言ったらだんとつなので、多めに作るといい。だんだん締まってくるので少しゆるめに仕上げて冷蔵保存。

粉もののレシピ
混ぜてまとめて練って焼く、パンと焼き菓子の中間にある粉ものに慣れると、どんなに世界が広がることか。少しの甘みと膨張剤と油脂を足せば、こんがりと膨らんでくれるから、配合を数字にすれば、自分だけの好きな食感や味を作れるものだ。探究心さえあれば。

あんことチョコレート
作り置きのあんこと、買い置きのチョコレート。あんこは丸めれば和菓子になり、チョコレートはひとかけらでコーヒーのお供ができる。ゆるめればお汁粉、溶かせばソース。お菓子の中心にある、ふたつの自由な素材。

お菓子の道具
泡立て器は、自分の手に合ったものを探す。ラケット同様、グリップは大切だ。ボウルはひとつだけ大きめを買う。量が作れるから。小さなボウルはいくつか持つ。快適に準備できるから。瓶で代用できるけれど、めん棒を1本選ぶ。道具の役割を知るとお菓子作りはうまくいく。

自己流ミックス
お茶を混ぜる、粉を混ぜる、砂糖を、塩を、スパイスを、乳製品を混ぜる。混ぜていいんだ？と聞かれ、混ぜちゃいけない？と答える。やみくもに混ぜるわけではなく、足りないものを別のもので補って強くするとか、多重構造の甘みにするとか。自分なりのルールを作ると大層おもしろい。

昔ながらの味
母の時代の洋菓子の本が出てきた。中学生の頃書き入れた印がある。○で囲んだ作りたいものや倍量のメモが挟まって、紙は黄ばんでいる。昔のレシピは、お菓子に誠実で謙虚だった。基本を守ったどこか懐かしい味のお菓子こそ目指すところだと、思わず見直す。

温かいおやつ
食べものに大事なことのひとつは温度。温度が違えば味さえ変わる。焼きたてより寝かせておいしい焼き菓子もあり、食べるときに作るスコーンもある。豆花はどんな温度でもおいしいし、意外や再加熱に強い。焼き菓子をトーストした暖かさ、きっちり冷やした清涼感。温度はおやつの格を上げる。

小土産のすすめ
もらってうれしいものは、たいてい小ぶりであまり目立たず、少しの重さがある。焼き菓子や最中など、小さな包みが整列して美しいもの。手作りもそれにならって丁寧に並べ、きれいに包めばよし。大げさでなくちょっと気の利いた、小土産をぜひ手作りで。

なにもない時
まるでなにもないのは困るので、ナッツとドライフルーツくらいはほぼ常備する。仕事をしていてお腹がすいた時に、なにか飲みものと。このふたつがお酒に合う優秀な肴でもあることはご存知でしょう。チョコレートのひとかけらでもあったら上等だ。

炭酸と果物
炭酸は、便利なことに家でも作れるようになった。マシーンがなくても、少し買い置きしておくと便利。色のきれいな時季の果物をきざんではちみつを和えておき、炭酸を注ぐ。食べたり飲んだり、楽しくて香りもいい。デザートのようであり、飲めない人のアペロにもなる。

リキュールとスピリッツ
リキュールは、古くは薬草酒から始まったと記憶している。アルコール度数は高いので、ここでも炭酸登場。ビターな炭酸に甘いリキュールをひとたらし。甘みはなし、香りを楽しむならスピリッツをひとたらし。濃くしない。飲める人にも飲めない人にもおいしく、いい始まりになる。

塩と油
アペロに不可欠なものふたつ。味わいにメリハリをつけるための塩気と、お酒をおいしくするために食材にまとわせる油だ。テクニックは不要、魔法のように最後にふればいいのだが、そもそもの質が問われる。背伸びが必要な金額なら思い切って小瓶を買い、大人はけちをしないで使い切る。

酸味の活用
塩でメリハリ、油でまったりさせたら、酒の肴は酸味を加えて着地する。レモン、すだち、かぼすにゆず。時季が合わなければ、米酢にほんの少し甘みをつけて使うのもいい。きゅうりを塩でもんで酢を和え、盛りつけて香りのいい油をたらす。という具合に。

下戸の飲みもの
飲まない人も多くなったけれど、水やお茶で乾杯というのはどうもつまらないから、考えた。フレッシュジュースや濃いめの緑茶、搾った果汁、漉した甘酒を炭酸で割る。これで皆んな、なんとなく揃うから、炭酸は常備して役に立つもの。

上戸の飲み方
あるお店に貼られた色紙に「お酒は三合、門限は十時」とあった。そのくらいがほどよいのでは?という飲み過ぎに対する戒めと同時に、閉店時間を知らせるうまさ。かつては、私も部屋に貼りたくなることもあったけれど、飲み方のうまい人が増えた。そういう酒飲みは信用できる。

最後のひと口
料理は起承転結、4コマ漫画だと思ってきた。とくに大事なのは「結」のところ。お酒が入ると、だらだらと長くなりがちだが、そこにピリオドを打つのが〆のお茶漬け的なものだ。お米は終了の合図のようなもの。甘いものだと飲み直したくなる人もいるみたい。

グラスを変える
数人集まったら、器やグラスの数はおのずと増えてしまう。ほどほどにまとめたいが、最近はグラスは変えなくていいよとさっさと洗いに立つ人もいたりする。それでもやっぱり変えたくなるのは、最初の1杯のひと口だけのビール、または食後酒に数年寝かせた梅酒を出す時。

小さなグラス
ウィーンの蚤の市で繊細な古いグラスを買った時以来、小さなグラスを使い出した。アイスクリームも盛るが、深い色合いのとろりとしたお酒を注いで、〆の甘味をひと口添えて大切そうに出したい。たった100ml程度しか入らない、小さく特別な容れものだ。

小皿豆皿
豆皿を集める趣味はないが、日本の古いものやアジアの雑器など、調味料やら薬味やらを入れる器は持っているといいものだと、使い続けて思う。今は見つけるのが難しい、さりげない素朴な雑器ほど、どうということのない酒の肴がおいしそうに見える。ベトナムの屋台気分もいいもの。

塗りもの
漆は手入れがちょっと。という人がいたので、ほらほらこのようにねとやって見せた。漆は、土台が木でも紙でも陶器であっても、一度しっかり定着すれば、半永久的に堅牢なままだそうだ。とはいえ、たわしでごしごしこするのは酷なので、スポンジでやさしく、ということだけが注意事項。

宵越しの肴
肴として作るなら、おかずより少なめに。4人なら2人分くらいにしておいて、何品かをゆっくり飲みながら食べるのがいい。お肉を焼いて残ったらどうするか? レバーのソテーやラムのソテーをきざめば、炒飯の具にぴったりなのである。レタスと卵とで。わざと残したいくらいだ。

ひとり飲み
居酒屋やバーで、男女問わずひとり飲みを見かける。大人だなあと見ているが、家では面倒かしら。思うに、大勢なら大雑把でよく、ひとりなら少し丁寧にあつらえるのがいい。アメリカの老練なジャズミュージシャンが、元気の秘訣は自分に親切にすることと言っていた。そんな感じ。

apéro

アペロ・お酒の時間

アペロといえば、食前酒（アペリティフ）が変化した「お茶しよう」と同じような気分の言葉です。もしディナーではなく、食前酒だけいかが？と、フランス人のような気の利いた誘い方をしたとしても、つい長くなるのが私たちの習性でもあります。気分がよければそれでもあり。人それぞれの都合によって無理なく集まれるのもアペロというキーワードのよさ。

料理やお酒がいろいろと揃って、誰でも分け隔てなく応対する居心地のいい居酒屋さえあれば事足りるよね、と友人たちと意見が一致したのは、旅先でそんなお店に出会った時でした。雰囲気だけではだめで、さっぱりと一日が終えられるような値段と内容が必要。飲むか食べるか、どちらを主体にするかで、料理が酒の肴になるかおかずになるか決まると考えれば、飲む人は酒の肴とし、食べたい人はご飯のおかずとすれば、ことは平和に進むのです。どちらの希望も叶えるのが理想の店。そんなわけで、アペロのお手本は小気味のいい居酒屋、といったところです。

ときに酒の肴がおかずになって、〆のご飯となるのもよし、それをひとり、ふたりの時にも楽しめれば、忙しい日々の食事も、少し気が楽になりそうではありませんか。まずは、おいしいパンに無塩バター、そこに風味のいい粗塩をぱらぱらと。お酒の時間の入り口です。

バターと粗塩

粗塩をふりかけた無塩バターを、トーストしてちぎった田舎パンに添えて。
これをアペロの「助走」にするのはいかが？
あとは好きずき、たとえば野菜やハムやチーズを少しずつ…。
バターは有塩でもよさそうなものの「無塩バター＋塩」のほうが
コントラストがあって飲みたくなるはず。おいしい塩を使うと、なおおいしい。
私はいつもフランス・ゲランドの少し粗いグレーの塩かイギリス・マルドンの塩を合わせます。

切ってのせるだけ、
のせて巻くだけ

甘辛酸っぱい
盛り合わせ

甘いバナナにレモン汁を数滴落とし、青唐辛子のキリッとした辛さと交互に食べる。軽いビールに合いそうでしょう？ バナナは小さめのもの、レモンの輪切りは半分にカット、青唐辛子の酢漬けはざっときざんで。粗塩は、イギリスのフレーク状の海塩。レモンをライムにすると、さらに南米風味になります。

材料 ＞ バナナ、レモン、青唐辛子の酢漬け(p.143)、粗塩

チーズとデーツ、チョコレートとデーツ

濃厚な、あまからの組み合わせ。思わずグラスに手がのびる味だと思う。よく熟した干しデーツには少しキャラメル香があるので、白カビ系、ブルー系の塩気のしっかりしたチーズをかけら程度挟んで。濃い味の組み合わせだから、せいぜいひとり2個くらいで十分。赤でも白でも、この強さに合うしっかりした風味のワインがいいですね。チョコレートを挟んだほうはお茶にも。ラプサンスーチョン入りのミルクティーとか。

材料> デーツ、カマンベールチーズ、セミスウィートチョコレート

ハム巻き野菜

見てのとおりの「ハム巻き野菜」。香りと、少し苦みのある葉野菜を洗って巻くだけ。味つけは生ハムの塩気だけ。冷やした白ワインが飲みたくなります。生ハムは1枚を2等分して野菜をくるりと巻き、ひとり2巻き目安。少量のパックで間に合わせます。

材料> 生ハム、葉野菜(クレソン、ルッコラ、春菊など)

トルティーヤロールと青唐辛子

ソフトタコスに使われる小麦粉の薄焼きパン、フラワートルティーヤは、なかなか便利なもの。熱したフライパンか焼き網で両面を軽く焼き、サラミやコッパ(豚の首肉の生ハム)をのせて端からくるくると巻きます。青唐辛子の辛い酢漬けを1本添えて。交互に食べれば、すっきりしたビールやスピリッツが合いそう。フラワートルティーヤは、冷凍保存ができます。

材料> トルティーヤ、サラミやコッパまたは生ハム、青唐辛子の酢漬け(p.143)

オイルサーディントースト

パンをトーストし、2等分したにんにくの切り口をさっとこすりつけてからオイルサーディンをのせて、ドライトマト1個を細切りしたものを散らし、仕上げにレモン汁を2、3滴。国産のオイルサーディンは小ぶりで脂もほどほど、スペイン、イタリア、フランスなど海外ものはぷっくりして大きめなものが多く、それぞれにおいしい。どちらでもお好きなほうを。焼きたてのパンがカリッとしている間ににんにくをこすりつけること。香りもいい。

材料＞食パン、オイルサーディン、ドライトマト、にんにく、レモン汁

生ハムレーズントースト

パン（全粒粉入り、カンパーニュなど）をトーストしてオリーブ油を薄くぬり、レーズンを5個くらい散らした上に、パンの大きさに合わせて切った生ハムをひらりとのせるだけ。トーストの熱でハムはしんなり。パンとレーズンになじみ少し香りもたってくる、という、お酒が楽しみなひと品です。

材料＞好みのパン、生ハム、レーズン、オリーブ油

アペロ

黒パンにチーズとプルーン、ブルーチーズとりんご

酸味のある黒パンに、チェダーチーズのスライスを1枚と、プルーンの赤ワイン漬けを1個。
もう1種類は、やわらかく練ったブルーチーズをさっとぬり、りんごのソテーをふたかけ。
どちらも強めの風味でこくがあります。

材料＞黒パン、チェダーチーズ、プルーンのコンポート（p.142）、ブルーチーズ、りんごのソテー（p.142）

トーストと一緒に

オーブンシートかアルミフォイルの上に薄切りの食パンを。その真ん中に洗った卵のお尻を押しつけて丸いくぼみを作り、卵をそっと割り入れます。そうです、これだけでおいしくなりそうな景色でしょう？ 次にきざんだアンチョビを2〜3切れ散らして塩を少なめにふったら、トースターで7〜8分。焼けたところにガリッとこしょうを挽きかけて、でき上がり。パンの耳は、こんがりのカリカリ。それを、まだとろりとやわらかい卵の黄身で食べるというわけです。

材料＞食パン、卵、アンチョビ、塩、こしょう

アンチョビ卵トースト

ガーリッククルトン

バゲットまたはフィセルをふた口で食べられそうな大きさに切り分け、軽くトースト。そこに2等分したにんにくの切り口をこすりつけ、塩を混ぜたオリーブ油をスプーンか刷毛でぬって、もう一度トーストしてカリッとさせる。甘い枝付きレーズンと。

材料＞バゲットかフィセル、にんにく、オリーブ油、レーズン

アンチョビトースト

トーストとアンチョビにレモンの皮、ではなく、塩レモンというところが肝！ レモンの特徴がしっかり出た塩漬けレモンは、「トースト×アンチョビ×オリーブ油」に個性を与える役割なのです。パンを強めにトーストし、きざんだアンチョビ、適当に切り分けたレモンの塩漬けを散らして、オリーブ油を数滴たらすだけ。

材料＞山型パン（ここでは全粒粉入り）、アンチョビ、レモンの塩漬け（p.142）、オリーブ油

グリルパンをよく温めておく。その間にプラムを2等分し、種を取る。キッチンペーパーにオリーブ油を少したらし、グリルパンの凸凹の凸にごく薄くぬる。そこにソルダムとプルーンを伏せて並べる。強めの火加減でしばらく焼いてから端をちょっと持ち上げ、こんがりと焼き目がついていたら器に移動。ゴルゴンゾラ、ロックフォール、ブルードーベルニュなどの青カビ系チーズを添えて一緒に食べる。酸味、甘み、塩気、発酵臭、それに香ばしさが加わってとてもおいしい。この食べ方には、必ず完熟した、甘い香りのするプラムを使うことを忘れずに！

材料 > 熟したソルダム、プルーン、オリーブ油、ブルーチーズ

プラムのグリルとブルーチーズ

夏から秋は焼きなすがおいしい季節。なすをペースト状にしたものは、フランスでは貧乏人のキャビアなどと呼ばれるそう。
キャビアとは比べものにならないくらいおいしく作るためのポイントは、ほんの少しの生のにんにくと、香ばしく炒ったクミンシードです。
アンチョビをきざんで入れてもいい。
アペロで食べきるのはもったいないので、翌日のために少し多めの量。

材料>
なす　中4本
にんにく(すりおろし)　⅓片分
クミンシード　小さじ山盛り1
シナモンパウダー　小さじ¼
オリーブ油　約大さじ3
塩　少々
レモン　約⅓個
プレーンヨーグルト　約250ml
好みのパン　適宜

1　なすを焼く。よく熱した焼き網か魚用グリルで、皮が黒く焦げてさわるとはがれるくらいになるまでしっかりと焼く。バットにのせて粗熱を取る。

2　ヨーグルトに塩ひとつまみを加え、キッチンペーパーを敷いたざるに入れ、15分くらいおいて軽く水切りする。

3　1のなすのへたを切り落とし、皮をむいてまな板にのせる。まず縦に4〜5等分してから横に1〜2cm幅にきざみ、包丁で叩いてだんだんと細かくしていく。粗いペースト状になったら、ボウルに移して塩、すりおろしたにんにく、シナモンパウダー、オリーブ油大さじ1を加えて混ぜる。

4　クミンシードをフライパンでから炒りしておく(弱めの火加減で香りが出て少し焼き色がつくまで)。薄めにスライスしたパンをトーストし、2、3と盛り合わせてクミンシードを散らし、オリーブ油約大さじ2をまわしかける。食べるときにレモンを搾る。

焼きなすのペーストとヨーグルトクリーム

チーズエッグペースト

卵とチーズって合うなあ、とオリーブ油も加えてごくごく弱火で火を通してみたら、それぞれの風味が混ざり合って濃いペーストになりました。少しチーズの塊が残るくらいでも、しっかり煮詰めてかために仕上げてもおいしい。パンはシンプルな生地が合います。
塊のパルメザンチーズをすりおろして使うのがおすすめだけれど、まずは粉チーズで手軽にお試しを。こしょうをたっぷり挽きかけてもおいしいですよ。

材料>
卵　2個
オリーブ油　大さじ2
塩　少々
パルメザンチーズ（塊をすりおろす、または粉チーズ）
　約大さじ3

1　卵をときほぐし、オリーブ油と塩（ごく軽めに）を加えてよく混ぜる。
2　フライパンを中火で温め、いったん火を止める。1を流して弱火にかけ、木べらで混ぜながら、ゆっくりと火を通す。とろりとしたソース状になったらチーズを加えて手早く混ぜ、火から下ろす。

アボカドペースト

アボカドのペーストは、少し塊が残っているくらいもおいしいので好みのつぶし加減と辛みで。こんがりと焼いたフラワートルティーヤやごく薄く切ったパンによく合います。スライスしてレモンと塩で和えたトマトを添えるのもいい。

材料>
アボカド　1個　　　　レモン汁　小さじ1
塩　少々　　　　　　　ゆずこしょう　小さじ1
オリーブ油　大さじ1

1　アボカドの周りにぐるりとナイフを入れてふたつに分け、種と皮をはずす。
2　ボウルにすべての材料を入れ、泡立て器などで手早くつぶす。

レバーソテーと レバーペースト

レバーを炒めたところでフランベして、レバーソテーとして食べてもおいしい。
ペーストにするかしないかは、そこで決断しても遅くない。ペーストにしたら、溶かしバターを上に流して密閉しておくと風味が保たれる。フランベするお酒は風味づけの役目もあるので、香りのいいものを。
私はカルバドスの香りが好きなので、レバーペーストの時はちょっと奮発します。

材料 >
鶏レバー　約250g
玉ねぎ　1/3個
塩、こしょう　各少々
ブランデー、ウイスキー、
　カルバドス、グラッパなど
　アルコール度数の高いお酒
　大さじ2
無塩バター　30g
生クリーム　約100ml
植物油　少々
かぼちゃの種　少々

1　レバーは切り分けて冷水で洗って血を抜き、脂を取り除いて水気をしっかり拭き取る。玉ねぎは粗みじんにきざむ。

2　フライパンに油を温めて玉ねぎを軽く炒める。レバーを加えて塩、こしょうし、強めの火加減で焼き色がつくまで火を通す。ブランデーなどのお酒をふり、フライパンを少し傾けてフランベする（火に注意）。ひと煮立ちさせて火を止める。

3　レバーペーストは、2をフードプロセッサーに入れて角切りにしたバターを散らし、生クリームをまわしかけてペースト状になるまで回す。ここでペーストがかたければ、生クリームか牛乳（いずれも分量外）を少し足して調整する。

4　温かいうちに陶器の器などに詰める。トーストしたパンにぬり、かぼちゃの種を散らすと歯触りのいいアクセントになる。

ふって、もんで、和えて

野菜を干すと水分が抜けて風味が濃くなります。和えものにすると水っぽくならずに調味料によくなじみ、こりこりした歯ごたえも楽しい。季節を問わず、お天気を見ながら試してほしい方法です。
たんに塩をふるだけ、醤油少しだけでも。梅酢があれば、それも風味よし。

干し大根と柿酢

材料＞

大根　5〜6cm
柿　½個
赤唐辛子　小1本
塩　少々
米酢　大さじ4

1　晴れて日差しが強く、そして乾燥した日、大根の皮をむいて2〜3mmにスライスし、半日ほど干す。柿も薄めにスライスして一緒に干す。

2　1の表面にしわがよって乾いてきたらボウルに合わせる。種を抜いた赤唐辛子、塩、米酢を加えて軽くもみ込むように混ぜる（甘さの調節に、少しすし酢を加えてもいい）。

アペロ

キャベツは放射状に切り分け、塩をふっておきます。搾菜は細切りに。キャベツがしんなりして水が出てきたら冷水に浸け、水気を絞ってボウルへ。そこにザーサイと酢を加えて混ぜ、なじんできたらでき上がり。酢は少し甘い風味の、酸味のきつくないものが全体をまろやかにして合います。

材料＞
キャベツ　¼個
ザーサイ（小さめ）　½個
酸味のきつくない酢（リンゴ酢か千鳥酢）　大さじ3
塩　約小さじ½

キャベツとザーサイのコールスロー

塩ふり大根

大根をスライサーで薄くスライスし、器に盛って塩をふるだけ。まずふりたてを食べ、時間がたつと塩がなじんでくるので、それもよし。味の濃い料理の合いの手としても欠かせないさっぱり大根。皮の赤い大根を使うときれいですよ。厚さが揃うと美しいので、このためにスライサーを買ってもいいと思う。

材料＞大根（あれば皮が赤や紫のもので）、塩

枝豆のするめだし漬け

麹枝豆

酒粕豆腐

乾物ときゅうりの甘酢　　　きゅうりの麹和え

枝豆のするめだし漬け

するめだしを魚醤で味つけ。魚醤はナムプラーでもいしるでも、好みのもの、いつも使っているものを。シンプルにつまむもよし、揚げものなどと合わせてお酒はビール、とアジア的なセットにするのも楽しい。

材料＞枝豆1袋　するめ¼〜⅕枚分、昆布10cm、塩少々、魚醤大さじ1、米酢大さじ1

1　枝豆を約2分間ゆでてさやから実を取り出す。
2　鍋に水500mlとするめを細切りにしたもの、昆布を入れて20分ほど浸けてから弱火にかける。煮立たせないように静かに15分ほど煮て、昆布を取り出す。塩、魚醤、米酢で味つけし、1の枝豆にかけてそのまま浸ける。1時間ほどおいて味がなじんだら食べられる。密閉瓶に詰めてもいい。

麹枝豆

塩麹の量はお好みで。お酒を飲むには少し濃いかなというくらいが合います。ゆずこしょうをほんの少し加えると、味全体が引き締まるのでそれもお試しを。枝豆の代わりに、そら豆やグリーンピースで作ってもいいし、さやいんげん、アスパラガスなど色つながりで合う野菜多し。

材料＞枝豆1袋、塩麹適量、ゆずこしょう（好みで）

1　枝豆のさやの両端を切って約2分間ゆで、引き上げて余熱でもう少し火を通す。
2　粗熱が取れたら実を取り出して、味を見ながら塩麹を小さじ1杯ずつくらい加えていく。

酒粕豆腐

おいしい酒粕に出会って思いついたもの。食べるにつれ混ざっていく味がいい。風味の決め手は「焦げ目」。辛口のお酒に合います。酒粕は、新酒の時期に買って冷凍しストック。今日は干しほたるいかをお供に。

材料＞木綿豆腐½丁（約150g）、酒粕の板状のかけら（約30g）、塩少々

1　木綿豆腐はキッチンペーパーに包んで重石をし、30分以上おいて水気を抜く。
2　フライパンを中火で温めて酒粕を並べ、強めに焦げるまで両面に焼き色をつける。
3　豆腐をくずし、酒粕をざっと細かくして合わせ、ひと混ぜした後、器に盛る。最後に塩をふる。

乾物ときゅうりの甘酢

アペロ

乾物の大根ときのこに、生のきゅうりのみずみずしい歯ごたえがアクセント。

材料＞きゅうり1本、切り干し大根・干しきのこ各1つかみ、三温糖小さじ1、米酢大さじ2、塩少々

1　きゅうりは両端を切って斜めに薄く切り分ける。切り干し大根と干しきのこはぬるま湯でもどし、しっかりと水気を切る。
2　1を合わせ、三温糖、米酢、塩を加えて手で軽くもみ込むようにして和える。

きゅうりの麹和え

塩麹を味つけに使います。湯通ししたいかやたこ、スモークサーモンなどを加えてもおいしい。きゅうり以外にさっと湯通ししたズッキーニやゆでとうもろこしも。

材料＞きゅうり2本、青じそ2枚、塩麹適量、レモンのくし形切り1個

1　きゅうりの両端を切り、薄く輪切りにしてボウルに入れ、冷蔵庫で冷やしておく。青じそは縦に4等分してから、横に細くきざむ。
2　食べる直前にきゅうりに塩麹と青じそを和え、器に盛って、くし形のレモンを添える。

材料>
やりいか　小さめ2はい
セロリ　1本
米酢　大さじ4
塩　少々
醤油　小さじ1
みりん　小さじ2
花かつお　1パック

1　やりいかは皮とわたをとって洗い、食べやすく切る。セロリは筋を取って斜めに薄切りし、適当にきざんだセロリの葉と合わせる。軽く塩をふって3〜4分おいてから流水にあて、軽く絞る。

2　米酢、塩、醤油、みりんを小鍋に入れ、ひと煮立ちさせて冷ます。

3　ボウルにざるを重ね、やりいかを入れる。沸騰した湯を注ぎかけてやりいかを湯通しし、冷水に浸けて急冷し、水気をしっかり切る。

4　3とセロリを合わせ、2の合わせ調味料、花かつおを加えてざっと和える。

いかとセロリの土佐和え

かつお節の風味をまとめ役にした和えもの。少し甘めに味をととのえるのがポイント。いかを白身魚に変えてもいいし、湯通しした野菜を和えるのもおすすめ。

アペロ

ゆでたての
幸福感

材料>
新じゃがいも　小8個
アンチョビ　3枚
無塩バター　50g
オリーブ油　小さじ2
ドライタイム　適量

新じゃがバター

新じゃがいもはゆでたて、アンチョビバターは事前に作り置きする。
やわらかくしたバターをボウルに入れ、ドライタイムを指で細かくしながら散らし、
細かくきざんだアンチョビをのせます。オリーブ油をまわしかけて、ゴムベラでよく混ぜ合わせて冷蔵庫へ。
これ、バターだけでなく、オリーブ油を加えるところが大きなポイント。
オリーブ油の風味が数段階風味をアップさせるから、ぜひ合わせ技で。オリーブ油ってすごい！と見直すはずです。
じゃがいもはひとり2個目安で皮ごとゆで、熱いうちに皮をむいて器に盛り、冷えたアンチョビバターを添えて。

大豆とひよこ豆のオリーブ油和え

乾物の大豆やひよこ豆を半日(ひと晩)水でもどしてゆでると、風味の濃さがおいしい。
300gの袋入りをまとめてかためにゆでて、冷凍→解凍ついでにゆで直す、というのが便利です。
ちょっとした色の違いと味の違いがおいしいので、ふたつの豆のミックスをおすすめしたい。
ゆでたての温かいうちに塩、こしょうをやや多めにふり、香りのいいオリーブ油をまわしかけて。
少し辛みのあるタイプのオリーブ油などは、とても合う。
時間がたつと全部がなじむせいか、豆の味が強く感じられてまたおいしい。
ゆでただけなのに、と感心。オリーブ油との相性のよさにまた感心。

材料＞乾物の大豆、ひよこ豆、塩、こしょう、オリーブ油

芽キャベツ、プチヴェールはそれぞれ縦に2等分し、やや歯ごたえを残してゆであげ、しっかりと水気を切って器に移す。軽めに塩をふり、オリーブ油を少なめにまわしかけてそっと混ぜる。その上に、1枚を4、5等分に切り分けた生ハム（プロシュート、ハモンセラーノなど）、サラミのスライスをふわりとのせる。
野菜の余熱でハムの脂が少しやわらかくなったところを食べるのがおいしい。サラダのような肴のような、お酒に合うひと品。できたても、冷めてからもおいしい。

材料＞
芽キャベツとプチヴェール各4〜5個、生ハム2枚、サラミのスライス4〜5枚、塩、オリーブ油各適量

ゆでたて野菜とハムサラミ

糸のように細いおぼろ昆布を見つけてから、ときどき作っているゆで里いものおぼろ昆布のせ。昆布の塩気や酸味、なんとも言えず奥深い風味は、それだけで満足間違いなし。お椀に使うだけではもったいないので、こんな風に野菜と組み合わせて。里いものぬめりと昆布のぬめりの相性もいい。薄く平らなとろろ昆布で里いもをくるりと巻いてもいい。里いもに塩をまぶすのは、それだけを口に入れた時にもおいしいように。まずは日本酒。
里いもは皮ごとゆで、十分やわらかくなったら皮をむいてごく少量の塩をまぶしておき、おぼろ昆布をのせる。

材料＞里いも、塩、おぼろ昆布

ゆで里いもとおぼろ昆布

キャベツ1/3個を放射状に3〜4等分してから横にして細切りする。鍋にお湯を沸かしてソーセージを入れ、軽く煮立つ程度の火加減で温める。3〜4分したら少し火を強めてキャベツを入れる。塩少々をふり、キャベツがしんなりしたら引き上げて水気を切り、器に盛る。ソーセージをのせて、2種類のマスタードを同量ずつ混ぜ合わせて添える。
キャベツをやわらかくしすぎないのがコツ。そこにソーセージの脂をまとわせる。マスタードは2種類を混ぜると酸味が緩和されてまろやか。

材料＞
粗挽きソーセージ1本、キャベツ1/3個、塩少々、粒と練りマスタード各適量

ゆでソーセージとキャベツ

ゆで豚肉

ゆでおきのお得感

ゆで豚肉を取り出し、食べやすい厚さにカット。しばらくおいて常温に戻します。塩もみしたきゅうりとゆずこしょうを添えて。

ゆで豚、きゅうり、ゆずこしょう

少し大きめの豚肉の塊をゆでておくと、いいことがたくさん。塩ゆでした肉とゆで汁を、煮沸消毒した保存瓶などに移して冷蔵保存。1週間以上おくと、熟成感のあるいい風味に。ゆで汁はスープになるし、瓶の上層で白く固まるラルド（ラード）もお宝。別に取り出して冷凍しておき、炒めものなどに使うのがおすすめです。 純粋ラルドは風味がいいのだ！ ゆで豚肉には小さな幸せが詰まっているというわけです。

材料 >
豚肩ロース肉の塊　800g～1kg
塩　肉の重量の3％量

1　豚の塊肉は2等分してバットにのせ、塩をすり込む。そのまま1時間ほどおいて水気を拭き取り、鍋に入れる。
2　かぶるくらいの水（2リットルくらい）を注いで中火にかけ、煮立ったらあくをすくってキッチンペーパーをかぶせ、蓋を少しずらしてのせて、弱火で1時間ほどゆでる。
3　そのまま冷ますとラルドが鍋の中で固まってしまうので、温かいうちに煮汁ごと、煮沸消毒した保存瓶などに移す。蓋をして冷蔵保存。夏場で約10日目安。冬場なら3週間ほど。
●冷蔵してラルドが固まったらそれだけ取り出し、小瓶に詰めて冷凍保存する。

ゆで豚のスープ

豚肉のゆで汁を鍋にとり、適量の水で薄め、塩で味をととのえればスープに。おかひじきとゆで肉のスープはいかが？ 魚醤、醤油、かつおだしを足したり、辛みを加えてもいい。

鶏ロール

アペロ

鶏胸肉をくるくると巻いてゆで、輪切りにしてお酒の供に。手軽で形も決まって、器の上でのたたずまいもなかなかいい。ふんわりと煮上げるためには火を止めてからの余熱が頼りですが、温度が足りないと中心が生っぽくなってしまうので、肉の重量・加熱温度・時間のバランスが丁度いいレシピを考えました。鶏もも肉で作ってもおいしかった！ もも肉はゼラチン質が多く味が濃いので印象ががらりと変わります。もも肉の場合、形はやや整えにくいので、そこそこ整えればいいという気分で。

材料 >
鶏胸肉　1枚（200〜250g）
塩、オリーブ油　各適量
黒こしょうの酢漬け（p.143）　適量

1　鶏胸肉の皮をはずし（鶏皮揚げ→p.107に使う）、内側に筋を描くように細い幅に切り込みを入れる。
2　塩を強めにふり、1時間以上おく。キッチンペーパーで水気を拭き取り、広げたラップフィルムにのせ、端から巻いてロール状にする。まな板に置き、ラップの両端を持ってロールを前後に転がしながら空気を抜いていく。さらに両端をくるくるときつく巻いて留める（ゆるければ輪ゴムで留める）。
3　2を鍋に入れ、十分にかぶる水を注いで中火にかける。プツプツと細かい泡が立つ状態で蓋をしないで12分間煮て、蓋をして火を止める。そのまま粗熱が取れるまでおく（4時間以上）。
4　約1cm幅の輪切りにして器に並べ、黒こしょうの酢漬けを散らしてオリーブ油をまわしかける。少し塩をふってもいい。

鶏ロールの
トーストのせ

バゲットかフィセルの薄切りトーストにマスタードをたっぷりぬり、鶏ロールの輪切りをのせる。レモンを添えて。

漬けておけば

カリフラワーのピクルスとチーズ

スパイスづかいに慣れるにも、
余ったスパイスを使い切るのにもちょうどいい利用法が、
ピクルスの風味づけ。
ひよこ豆、かためのトマト、
ゆでたいんげん、玉ねぎなどを加えてもいい。

材料>
カリフラワー　小1株
パプリカ(赤)　1個
塩　小さじ½
スパイシー甘酢の材料
　白ワインビネガー　200ml
　水　200ml
　ローリエ　3枚
　ターメリック　小さじ1
　シナモンパウダー　小さじ¼
　クミンシード　小さじ½
　赤唐辛子粉　2つまみ程度
　はちみつ　大さじ1
　塩　小さじ½
　薄力粉　大さじ1

1　カリフラワーとパプリカは食べやすく切り分ける。内側のやわらかい部分も捨てずに一緒に使う。
2　カリフラワーをボウルに入れ、塩小さじ½をふりかけて混ぜ、20分ほどおく。水分が出てくるので捨て、パプリカと合わせる。
3　スパイシー甘酢の材料をすべて鍋に入れ、中火にかける。煮立ったら2にまわしかけて混ぜ合わせる。保存瓶に入れ、ときどき上下を返してひと晩以上漬け込む。
●秋〜春先までは常温に、気温の高い時期は2〜3時間常温においで冷蔵庫へ。味がなじむまでおいたら食べられる。

いわしのレモン酢漬け

いわしを酢とハーブで漬け込むと、
控えめながらもいろいろな香りがあって味わい深いもの。
いわしは自分でおろしても、
魚屋さんで三枚おろしを買ってもいいし、
気楽に作れる方法でお試しあれ。
魚醤は、ナムプラー、いしる、もし手に入ったら
イタリアのコラトゥーラなど。
野菜を合わせるなら、酢でもんだ玉ねぎの薄切りを
たっぷりのせるのがおいしい。
さて、どんなお酒が合うでしょうね?

材料 >
いわし　4尾
レモン　約2個
米酢　大さじ4
三温糖　小さじ½
ローズマリー　1本
魚醤　小さじ1
塩　少々

1　いわしは三枚におろし、背びれや中骨、皮の部分を切り落として形を整える。それを、内側を上にしてバットに並べ(少し重なってもいい)、塩を軽くふり、米酢大さじ2をふりかける。

2　10分程度おくと水気が出てくるので、キッチンペーパーで拭き取ってひと切れずつ端から皮をむき、再度バットに並べる。三温糖をふり、ローズマリーをちぎって散らし、米酢大さじ2をまわしかけ、魚醤をふりかける。

3　レモンを薄くスライスして1のいわしの表面に隙間なく置き、レモンが残ったら搾りかける。ラップをして冷蔵庫へ。1時間ほどおいてから、食べる直前に器に盛る。

酒粕に塩と水を混ぜてクリーム状にしておく(p.143)と、とても使いやすく風味のよい調味料に。それを活用した一品。コツは豚肉を薄めにそぐことと、ごま油をきくらげだけにたらすこと。蒸すのにさほど時間がかからないので、ごく小さな蒸し鍋で作りました。いま食べる量だけさっと作ってもいし、多めに仕込んでおいてそのつど蒸してもいい。
蒸したてに冷酒はどうでしょう。

材料>
豚肩ロース肉
　　100g 程度のもの1枚
酒粕クリーム(p.143)　約大さじ2
きくらげ(乾燥)　3〜4枚分
塩　少々
ごま油　約小さじ1

1　豚肉は斜めにそぐようにして4〜5等分に切り分ける。バットに入れ、塩を両面に軽めにふる。その上に酒粕クリームをティースプーンで少しずつのばすようにぬりつける。

2　きくらげはぬるま湯に入れてもどし、かたい根元の部分を切り落として、大きいものは2〜3等分する。塩を軽くふって混ぜておく。

3　鍋に湯を沸かし、蒸籠をのせる。湯が煮立ったらいったん蒸籠を下ろし、キッチンペーパーを敷いてきくらげと酒粕をぬった豚肉を並べ、鍋にのせて蓋をかぶせ、10分間蒸す。

4　蒸し汁ごと器に盛る。きくらげにごま油を少したらす。

豚肉酒粕蒸し

ご飯にのせたくなる甘辛いなめこの煮物。鳥取産の大ぶりのなめこをお店で見かけて作ってみました。小さいなめこで作って佃煮みたいにしてもいい。風味は中国風であり、韓国風でもあり、だからいろんなお酒に合う。

材料＞

大きめのなめこ　1袋	紹興酒　大さじ2
豆板醤　小さじ2	黒酢　大さじ3
魚醤（ナムプラーなど）　大さじ1	しょうがのすりおろし　小さじ1

なめこをさっと洗って鍋に入れ、調味料をすべて入れる。しょうがのすりおろしも加えて混ぜ、中火にかける。煮立ってきたら混ぜながら5〜6分間煮込んで火を止める。

なめこのピリ辛

豚レバーはゆでて味つけするだけで、おいしいつまみに。香りの強い野菜が合うので、香菜の他にクレソンや春菊のやわらかい部分などでも。レバーが残ったら軽く焼いて練り辛子を添えてもおいしい。柑橘を搾ったアジアのビールや、焼酎などのスピリッツに。

材料＞

豚レバー　約150g	醤油　大さじ2
香菜　2株	みりん　大さじ1
セロリ　細め1本	太白ごま油　小さじ2
菜の花　½束	塩、こしょう　各少々
酒　大さじ5	赤唐辛子粉　適量

1　レバーは塩を少しふり、酒大さじ2をふりかけておく。香菜は根元を切り、茎ごと約2cmの長さに切り分ける。セロリは筋を取って斜めに薄切り。菜の花は約1分間ゆでて冷水で急冷し、水気を絞って3〜4等分する。

2　鍋に湯を沸かし、レバーを入れて軽く煮立つ火加減で10分ほどゆでて火を止め、そのまま10分おく。引き上げて厚さ3〜4mmにスライスしてボウルに入れる。醤油、みりん、酒大さじ3、塩、水50mlを小鍋に入れて煮立て、レバーにまわしかけ、しばらくマリネする。

3　ボウルに1の野菜を入れ、太白ごま油をまわしかけて手早く混ぜてから、塩をふって混ぜる。2のレバーを加えてざっと混ぜ、器に盛る。こしょうを少し挽きかけ、赤唐辛子粉をふる。

レバーと香味野菜のサラダ

コンフィいろいろ
煮込んでおくと

いわゆるコンフィは、材料がどっぷりと浸かる量の油煮。それよりもずっと少ない油の量で煮ます。よって焦がさないよう、極力弱火にして静かに煮ること。風味づけはお好みで。わかさぎはレモンとケイパーで酸味強めに、ししゃもは粒こしょうでピリッと、がおすすめです。魚のコンフィには仕上げに醤油をたらしてもいい。ほかに青唐辛子、ジンの香りづけで知られるジュニパーベリー、バルサミコなどもお試しを。

どれもワインが進む、パンも進む。漬け込んだ油がまたいい香りなので、パンにたっぷりつけて。常備菜ならぬ常備肴としてどうぞ。

材料>
塩　適量
ローリエ　1枚
赤唐辛子　1本
好みの風味素材（黒粒こしょう、
　ケイパー、レモンのスライス）
　適量
太白ごま油
　（またはグレープシード油、
　米油など）　適量

1　材料の下処理。分量はそれぞれ買いやすい単位で。
＊わかさぎ、ししゃもは洗ってぬめりを取り、塩を軽くふって10分ほどおく。塩を洗い流して水気をしっかり拭き取る。
＊鶏レバーは2〜3等分して流水で洗って血を流す。塩をふってもみ込んでおく。10分ほどおいていったん洗い流し、水気を拭き取る。
＊あん肝、生たらこは塩をふって10分ほどおき、いったん洗い流して水気を拭き取る。

2　材料を個別に浅い鍋に並べる。塩をふり、ローリエ、赤唐辛子、好みの風味素材を少しずつ加え、材料の半分くらいが浸かるのを目安に太白ごま油をまわしかける。ごく弱火にかけ、細かい泡が立つくらいの状態を保ち、キッチンペーパーで覆って加熱する。途中そっと上下を返し、20分ほど煮る。そのまま冷ます。

●食べる時、たらこは薄皮をはぐ。

野菜も油で煮てコンフィにします。
にんじんは、いろいろな煮方、焼き方を試してきた素材。
油多めでやわらかく、にんじんの別の姿にできたかな。
ズッキーニやセロリ、きのこ類、なす、パプリカなども。

にんじんは小さめのもの7〜8本を鍋に並べ入れ、800mlほどの水を注ぐ。
軽く塩をふって中火にかけ、煮立ったら少し火を弱めて蓋をして20分ほど静かに煮る。
途中、下になっているにんじんを上にのせるなどして、火の通りにむらがないようにする。
水分の量にも注意して焦げつかないように。やわらかくなったらオリーブ油をまわしかけ、
にんにくをのせ、塩を少し足し、軽く煮立つ程度にしてさらにやわらかく煮込む。
にんじんに少し焼き色がついてくったりしたらでき上がり。
まずにんじんを蒸し煮し、油で蒸し揚げするイメージ。
鍋底の水分を完全に蒸発させないこと、にんじんに焼き色がつくくらいまで火を通すことがコツ。
バルサミコのように見えるにんじんの焦げた焼き色が味のポイントになる。
そこに、さらにバルサミコを少したらすと、よい風味が倍増。

にんじん、トマトのコンフィ

材料＞にんじん、にんにく、塩、オリーブ油

トマトは、後半の油を加えるところから。
皮が弾けたらすぐ火を止める。
鍋に余裕があればにんじんに加えて一緒に煮てもいい。
肉料理に添えるのもおすすめ。

材料＞トマト、にんにく、塩、オリーブ油

牛すねの生姜煮

仕込みに時間がかかるぶん、牛肉は多めに煮ておくのが正解でしょう。いろいろ使えて、あとあと十分に楽しめます。ご飯のおかずによし、少し残ったらきゅうりと和えてまた酒の肴に。牛すねのゆで汁はだしとしても使えるので、瓶に入れて冷蔵し、コクだしにスープに足したりするといい。

材料>

牛すね肉　約500g
しょうが　2片
醤油　大さじ3
三温糖　大さじ1弱
塩　少々
酒　80ml
こしょう　少々

1　牛すね肉は適宜切り分け、軽く塩をふってしばらくおき、洗い流す。たっぷりの湯に入れて約50分間、やわらかくなるまでゆでる。

2　しょうがを薄切りしてから細くきざんでおく。

3　ゆでたすね肉から脂を取り除き、小さく分けて鍋に入れる。醤油、三温糖、塩、酒を加え、1のゆで汁を漉して500mlほど加えてしょうがをのせる。中火にかけ、どんどん煮詰める感じで、混ぜながら水気を飛ばしていく。煮汁を少し残して火を止め、器に盛りつけてこしょうを挽きかける。

アペロ

野菜とレバーと鶏肉煮込み

鋳物の鍋か土鍋など、小さめで厚手の蓋付き鍋を使います。材料を詰め込んで蓋をして弱火で煮込み始めて、作り置きのコンフィやらを食べて飲んでいるうちにでき上がり。ぎゅっと詰めるのが唯一のコツ。こうすれば煮くずれなし。全体に味がしみわたる。

材料>
玉ねぎ 小1個
にんじん 小1本
じゃがいも 小2個
鶏もも肉 1枚
鶏レバー 約100g
オリーブ油 大さじ2
ローリエ 2枚
塩 少々

1 玉ねぎとにんじん、じゃがいもは4等分、鶏もも肉は5〜6等分する。レバーは2等分して洗って血を抜く。

2 小さな鍋に材料を順にぎゅっと詰め、どこかの間にローリエを挟んだら、全体に塩をふってオリーブ油をまわしかける。水100mlを注いで蓋をし、中火にかける。煮立ったら弱火にし、そのまま約20分間煮込む。

八角醤油卵

煎り酒しょうが卵

スパイストマト卵

八角醤油卵

鍋に全材料を入れて中火にかける。煮立ったら1分ほどそのままにしてから火を止め、ゆで卵4〜5個を投入。キッチンペーパーをかぶせて煮汁が全体に回るようにして、ときどき卵を返しながら1時間以上漬け込む。そのまま単独で食べたり、練り辛子を添えたり、漬け汁で野菜を炒めて一緒に食べてもいい。ご飯にも合う。

煮汁の材料＞
八角　1個
醤油　大さじ3
みりん　大さじ3
オイスターソース　大さじ1
赤唐辛子　1本
水　200ml

煎り酒しょうが卵

かつおだしに煎り酒、塩としょうがすりおろしを加えて煮立てる。そこにゆで卵4〜5個を投入。火を止めてキッチンペーパーをかぶせて卵に密着させ、だしに浸かるようにしておく。塩を強めに、しょうがを多めに。煎り酒は、色をつけずに風味をまとわせるのにとてもいい。使い慣れると便利な調味料です。この卵、焼きむすび(p.140)やゆで豚(p.90)に添えるのがおすすめ。

煮汁の材料＞
かつおだし　200ml
煎り酒(p.142)　大さじ2
塩　適量
しょうがのすりおろし　小さじ½

アペロ

ゆで卵を漬けたり、煮込んだり。
味付け次第で楽しい食べ方がいろいろ。
まずは、卵を沸騰したお湯で7分間ゆで、
流水で粗熱を取ってからそっと殻をむく。

フライパンに油とクミンシードを温め、いったん火を止めて、残りの材料を加えて混ぜる。弱火にかけて木べらで混ぜながら少し煮詰め、ゆで卵4〜5個を入れる。しばらく転がしながらソースをからめて火を止める。
ゆでじゃがいもや白いご飯に合います。こしょうをたっぷり挽きかけてご飯に添えれば、〆のミニ卵カレー！ ソースを作る時にいったん火を止めるのは、結構はねるから。白い服は要注意。

煮汁の材料＞
トマトピュレ　1カップ
しょうがのすりおろし　小さじ1
にんにくのすりおろし　小1片分
塩　少々
こしょう　少々
シナモンスティック　½本
カレー粉　小さじ2
クミンシード　小さじ1
植物油　大さじ1

スパイストマト卵

おつまみフリット

ふきのとうと新ごぼうのかき揚げ

他の小さな料理と盛り合わせて。
春の苦みと、土の風味。

材料>
ふきのとう　5〜6個
新ごぼう　細め1本
塩、薄力粉、植物油

1　ふきのとうは縦にざくざくときざみ、新ごぼうは洗って太めのささがきに。ボウルに入れ、薄力粉を大さじ3ほどふって塩も軽くふり、手早く混ぜる。冷水大さじ3を注いで混ぜる。様子を見てまとまりがよくなるように、加減しながら水を足す。

2　小さめのフライパンに油を大さじ3くらい温めて、1を食べやすい大きさに取って入れ、揚げる。途中上下を返し、油がなくなってきたら足し、色よく揚がったら油を切って盛りつけ、塩をふる。こしょうを挽きかけてもおいしい。

卵を使わないシンプルな揚げもの。そら豆とセージだとイタリア風、そこにちくわが入ると…？ 揚げ油には、くせのない太白ごま油をよく使います。好みでオリーブ油を混ぜて風味を加えてもいい。シュワシュワと泡の立つお酒をキリッと冷やして。

材料＞
そら豆　1パック　　塩　少々
ちくわ　3〜4本　　冷水または炭酸水　100ml
セージ　7〜8枚　　植物油
薄力粉　大さじ4　　赤唐辛子粉

1　そら豆、ちくわ、セージの葉を用意。ちくわは2等分する。ボウルに薄力粉と塩を入れ、冷水または炭酸水を加えながら泡立て器で混ぜ合わせる。水分量を調整して、さらっとした衣にする。

2　フライパンに、油を1cmくらいの深さに入れて中火にかける。そこに、衣にくぐらせた材料を順に入れて揚げる。キッチンペーパーに取って油を切り、器に盛りつけてそら豆とセージに塩をふる。ちくわには赤唐辛子粉を少しふりかける。

フリット3種

誰でもきっと好きな香ばしいカレー風味。文句なしに軽いビールが合いそうですが、スピリッツなど強いお酒にもよさそう。拍子木状に切り分けて、塩と白ワインビネガーをほんの少しふったきゅうりを添えて。カレー味の合間に食べるといいコンビネーション。揚げたり焼いたりしたものには、さっぱりした合いの手を。

材料＞
鶏もも肉　1枚
カレー粉　小さじ2
ガラムマサラ　小さじ¼
薄力粉　小さじ½
塩、こしょう、オリーブ油

1　鶏もも肉は、ひと口大に切り分けて軽く塩をふっておく。鶏肉をボウルに入れる。カレー粉、ガラムマサラ、塩、こしょう、薄力粉を合わせてから鶏肉全体にふりかけて、混ぜてなじませる。

2　フライパンにオリーブ油を温め、1を焼く。まず皮目にしっかりと焼き色をつけ、上下を返して蓋をして蒸し焼きにし、こんがりと仕上げる。

カレーどり

ラムかつ

材料>

ラムロース肉　約200g
塩　少々
薄力粉　大さじ2
パン粉　約大さじ4
植物油　適量
ウスターソース　適量

1　ラム肉はひと口大に切り分けて、塩を軽くふっておく。薄力粉と水大さじ3を混ぜ合わせる。別の器に細かくしたパン粉を入れる。ラム肉を薄力粉を溶いた水にくぐらせてから、パン粉をていねいにつけておく。

2　フライパンに、炒めるより多めに油を入れて温める。1のラム肉を並べ入れ、中火でこんがりと揚げ焼きする。途中足りなくなったら適宜油を足す。キッチンペーパーに取り、油を切って器に盛る。ウスターソースを添える。

このカツは、薄力粉を水で溶いたものを「糊」の役目にしています。もちろん、ほかの揚げものにも使えます。
揚げ具合をミディアムという感じに仕上げたいので、焼き色がついてきたら油を切って、あとは余熱でちょうどいい具合。ウスターソースがぴったり。

梅酢きゅうり

梅干しを作る過程でできる風味豊かな梅酢と、軽く干したきゅうりを合わせて。きゅうり2本の皮をところどころピーラーでむき、斜めに5〜6mmほどの幅に切り分ける。ざるやキッチンペーパーにのせて半日ほど干す。いい具合に水分が抜けたら、ボウルに入れて梅酢を大さじ1ふりかけて混ぜる。すぐ食べてもいいし、冷蔵保存して2〜3日で食べる。ラムカツのお供に。

材料>きゅうり、梅酢

鶏皮が嫌いという人もいますが、カリッと揚げるとおいしいもの。小さくきざみ、炒めるより少し多めに温めた油で揚げ始めると、やがて自らの脂も溶けて2種類の油がミックスされ、香ばしくおいしい肴に。揚げたてに塩、こしょうして、薄切りの大根にのせて食べる。揚げものや焼きものに、さっぱりした大根は必須の相棒。皮をむいたらスライサーで紙のような薄切りに。きゅうりやかぶでも。

材料＞ 鶏肉の皮、大根、塩、こしょう、植物油、赤唐辛子粉

鶏皮揚げ

とり天といえば、片栗粉を入れて衣を軽くしてあったり、味つけした上にさらにたれが添えられていた記憶があるけれど、下味をつけてさっぱりとレモンで食べるのもおすすめしたい。鶏肉は、味と食感の違うももと胸を少しずつ。そこは人数に応じて。半分ずつ使った鶏肉の残りは、塩を軽くふって冷凍して次の機会に。

材料＞
鶏もも肉、胸肉　各小½枚
　（またはどちらか1枚）
A｜しょうがのしぼり汁　小さじ1
　｜にんにくのすりおろし　½片分
　｜酒　大さじ2
　｜醤油　小さじ1
卵　小1個
薄力粉　大さじ3
塩　少々
植物油　適量
レモン　½個

1　鶏肉はひと口大に切り分け、全体に軽く塩をふる。材料Aを混ぜ合わせて鶏肉に加え、もみ込む。ボウルに卵をとき、水約80mlを加えたところに、薄力粉をふるいながら加え、なめらかになるまで混ぜ合わせる。生地が重いようなら水を足し、とろりとした衣にする。

2　フライパンに油を温める。油の量は、炒めるには多い、5mmくらいの深さになるように。鶏肉をひと切れずつ衣にくぐらせて、途中上下を返しながらこんがりと揚げる。油は適宜足す。キッチンペーパーに取り、油を切って器に盛り、レモンを添える。

とり天

じゃがいも三昧

じゃがいもを頼るとだいたいおいしいことになる。肉にも魚にも油にも乳製品にも、組み合わせ自由。アペロにはじゃがいもが不可欠です。

ラムじゃがバター

この料理は、焼くというより、油の量は少ないながら「揚げる」に近い。じゃがいもと一緒に油脂でじっくりと火を通す、という感覚で焼いて食べる。バターならではの甘さのある香ばしい焼き上がりになる。それを塩漬けレモンで引き締める。

小さめのメイン、という位置づけもいいし、もっと少ない量で作ってもいい。ついたくさん食べたくなるけれど。

材料>

ラム肩ロース肉　約250g
じゃがいも（メイクイン）　3個
無塩バター　20g
塩、レモンの塩漬け（p.142）、葉野菜

1　ラム肉はひと口大に切り分け、塩をごく軽くふっておく。じゃがいもは皮をむいてラムと同じくらいの大きさに切る。先にかためにゆでておく。

2　フライパンにバターを温めて溶かし、ラム肉とじゃがいもを入れる。強めの中火でこんがりするまで揚げ焼きする。途中軽く塩をふって、いい色合いに焼き色がついたらでき上がり。器に盛り、レモンの塩漬け、葉野菜をたっぷり添えて、フライパンのバターを少しずつまわしかける。

ラルド(ラード)の一番おいしい活用法。純粋なラルドは手作りならでは。

材料>
じゃがいも(男爵)　2個
ゆで豚肉(p.90)　100g
手作りのラルド(p.90)　大さじ1
塩、粒マスタード

1　じゃがいも2個は皮をむいて1個を4～5等分にしてやわらかくゆでる。ゆで豚肉はひと口大に切り分ける。
2　フライパンにラルドを温めて、じゃがいもを入れる。塩を軽くふり、動かさないでじっくりと焼き、強めの焼き色をつける。じゃがいもが色づいてきたらゆで豚肉を加え、ラルドを少し足して焼き、カリッと焼けてきたら火を止める。
3　盛りつけて粒マスタード(粒が大きかったらすり鉢で軽くする)を添え、熱いうちに。

じゃがいもとゆで豚の
ラルド焼き

以前、オリーブ油入りの「新粉ふきいも」というのを思いつき、それ以来粉ふきいもはオリーブ油入り。こちらはそのアレンジで、水分多めにマッシュポテトに近づけたバージョン。仕上げに冷凍しておいたベーコンの薄切りをのせると、ポテトの熱がベーコンの脂を溶かしていい塩梅です。

材料>
じゃがいも(男爵)　2個
ベーコンの薄切り　3枚
オリーブ油　大さじ1
塩　少々

1　皮をむいて4～5等分したじゃがいもを、さっと水にさらしてゆでる。水気を飛ばし、粉ふきいものようにしつつも、少し多めに水気を残し、オリーブ油と塩少々を加えて混ぜる。ぽてっとした質感。その熱々を器に盛り、上に、冷凍してから薄切りしたベーコンをのせる。
●塊のベーコンを冷凍しておくと、使うときの形の自由度が増すのでおすすめです。

ベーコンポテト

パイという名の、ポテトグラタンのような
愛すべき素朴なイギリス料理。
リッチにしすぎず、気楽な感じに作るのがいいと思う。
あまり大きくない耐熱容器に、山に盛って。
ビールでもワインでも。
チーズは入れていないので、チェダーなどを添えても。

あさりと鮭のフィッシュパイ

材料＞
じゃがいも（男爵）　3個
あさり　約200g
生鮭　1切れ
むきえび　約8尾
玉ねぎ　小½個
パセリ　1本
無塩バター　大さじ3
牛乳　200ml
植物油　約小さじ2
塩、こしょう

1　じゃがいもは皮をむいて4～5等分し、水にさらしてからやわらかくゆでる。水気を切り、塩、バター大さじ1、牛乳100mlを加えて泡立て器でふわっと混ぜ合わせる。あさりは塩水につけて砂抜きし、生鮭は皮をむいて5～6等分に切り分け、軽く塩をふる。玉ねぎは縦に2等分してから横に細切りする。

2　フライパンに油を温め、玉ねぎを炒めた後、生鮭とえびを加える。軽めに塩、こしょうし、火が通ってきたら残りの牛乳を注いで、材料にからませるように混ぜながら煮詰めて火を止めておく。

3　耐熱容器にバター少々（分量外）を薄くぬり、2の魚介を移し入れる。1のじゃがいもをのせ、パレットナイフなどで材料を全部覆うようにして、ラフに整える。その上にあさりを並べ、口が開くまで190℃のオーブンで約20分間焼く。大さじ2のバターを溶かしておく。

4　3をいったん取り出し、溶かしバターをあさりにまわしかけて、220℃のオーブンで5～6分間焼き、きざんだパセリを散らす。

ヤンソンの誘惑

本当は、じゃがいもを素揚げしてから焼くのが本式。手順を単純にして味も少しさっぱりとさせたもの。スピリッツのコクのあるものないもの、いろいろ合う。ビターな炭酸にリキュールひとたらしなんていうのもいける。

材料＞
じゃがいも（メイクイン）
　大きめ2個
アンチョビ　2枚
生クリーム　100ml
塩

1　じゃがいもは皮をむいてマッチ棒状に切り分ける。さっと水に通して水気を切り、耐熱容器に並べ入れる。アンチョビを3等分くらいにきざんで散らし、塩を軽くふり、生クリームをまわしかける。

2　190℃に温めたオーブンに入れて40分くらい焼く。じゃがいもに火が通り、クリームがまだ少しさらっとしているくらいで食卓へ。冷めるにつれ、とろりと濃度が出る。パンも添えて。

じゃがいものガレット

材料>
じゃがいも（男爵） 中4個
ナツメグ 小さじ1/5
塩、植物油（太白ごま油などくせのないもの）、無塩バター

1　じゃがいもをチーズおろしですりおろし、ボウルに入れる。塩少々とナツメグを加え、よく混ぜる。色が変わっても気にしなくていい。

2　小さめのフライパンに、油を大さじ1ほど温め、1を移して平らにならす。弱めの中火でしばらく焼き、下面が固まってきたら、大さじ1の油をスプーンで少しずつ鍋肌から加え、さらに焼く。つぎに、フライ返しか蓋を使って上下を返し、無塩バター小さじ2を足して焼く。しっかり固まったらそっと器に盛る。

じゃがいもをチーズおろしですりおろし、まとめて焼くだけ。
チーズおろしは楕円形に穴があいて、細い紐状に
すりおろせるタイプがいい（万能おろし器の替え刃にもあります）。
仕上げにも、好みでナツメグを少しすりおろす。
ナツメグはホールをすりおろすと香りが格別。
ここはやはり、白ワインでしょうか。

アペロ

長いもの厚焼き

ガレットをながいもに置き換えて。こちらは厚手がおいしい。
長いもをチーズおろしですりおろす。直径18cmくらいの鉄鍋かフライパンに油を多めに温め、塩ひとつまみを混ぜた長いもを流し入れる。弱めの中火でじっくり焼き、下面がこんがりと色づいたら、フライ返しで半分に折りたたむ。軽く押さえてそのまましばらく焼き、全体が固まってきたら火を止める。そのまま食卓へ！ 醤油麹を添えて。焼くときは少し慎重に、じっくりと。

材料＞
長いも、塩、植物油（太白ごま油など）、醤油麹（p.143）

牡蠣の時季には

牡蠣ポテト焼き

牡蠣は個性が強いからか、ひと粒でも存在感ありのご馳走。まずは、相性抜群の牡蠣とじゃがいもから。好みで仕上げにバターをのせてもいいし、レモンなど柑橘類を搾りかけるのもキリッとしておいしい。器に残った油は牡蠣の風味が濃いので、薄切りのパンにつけてワインをもう1杯。

材料＞
牡蠣　大きめ4個
じゃがいも（男爵）　2個
オリーブ油、塩、こしょう、赤唐辛子粉

1　牡蠣は塩もみしてぬめりを取り、流水で洗う。じゃがいもは皮をむいて洗い、5mmくらいにスライスした後にゆでて塩を軽くふる。
2　耐熱皿にオリーブ油を小さじ½くらいたらし、じゃがいもを並べた上に牡蠣を並べ、塩をふってオリーブ油を多めに（大さじ2くらい）まわしかける。トースターか、210℃のオーブンで7〜8分間。こしょうと赤唐辛子粉をふりかける。

牡蠣しいたけ焼き

大ぶりの生しいたけが器替わり。数が多ければ210℃のオーブンで、1〜2個ならトースターで。お醤油たらり、の和風も合う素材の組み合わせ。

材料　4人分＞
牡蠣　4個
しいたけ　4個
パンチェッタ　スライス8枚
オリーブ油、塩、こしょう、レモン

1　牡蠣は、「牡蠣ポテト焼き」同様に洗って水気を拭き取る。
2　軸を取ったしいたけに塩を軽くふり、オリーブ油小さじ½をまわしかけて、牡蠣をのせる。薄切りしたパンチェッタ2枚、薄切りして4等分（小さめなら2等分）したレモンものせ、塩、こしょうして最後にまたオリーブ油を小さじ½程度まわしかけてトースターで焼く。目安は、しいたけがやわらかくなり、少し焼き色がつくくらい。

牡蠣味噌焼き

濃いめにしっかりと味をつけた牡蠣とさっぱりした大根。味に濃淡をつけることは、お酒をおいしくする決め手。小さな鉄鍋があると作りやすい。

材料　4人分＞
小粒の牡蠣　約12個　　酒　大さじ2
味噌　小さじ2　　　　　ごま油　小さじ1
みりん　大さじ2　　　　塩　少々
醤油　大さじ1　　　　　大根　適量

1　小粒の牡蠣は、「牡蠣ポテト焼き」同様に洗って水気を拭き取る。味噌、みりん、醤油、酒を混ぜ合わせておく。
2　鉄鍋かフライパンにごま油を温め、塩を少しふって牡蠣を焼く。焼き色がついてきたら合わせ調味料を加え、箸で1粒ずつ上下を返すようにしてからめる。焦げ目がついてきたら火を止める。
3　拍子木に切り分けた大根に塩をふり、1分くらいおいたらさっと洗い流して器に盛って、牡蠣に添える。

焼くアペロ

しいたけのオイル焼き

しいたけの石突きを切り落とし、縦に2等分。フライパンにオリーブ油と植物油を半々に入れて温める。十分温まったら塩を軽くふり、しいたけの切り口を下にして並べ入れる。切り口をじっくりこんがりと焼き、上下を返して軽く焼いて、油が回ったら取り出す。器に盛り、アンチョビ、カッテージチーズ、練りマスタードを盛り合わせる。

しいたけは、こうして焼くと姿がよくておいしさが倍増する。前後してケールを焼いて添えるのもいい。

材料>
しいたけ　大きめで肉厚のもの4～5本
オリーブ油　大さじ1
植物油(太白ごま油など)　大さじ1
塩　少々
アンチョビ
カッテージチーズ(裏ごしタイプ)
練りマスタード

ケールの黒焼き

ケール3枚は食べやすい大きさに切り分ける。フライパンにオリーブ油とにんにく1片を入れて弱火にかけ、にんにくが焼けて香りが出てきたらはずし、オリーブ油を小さじ1程度足して塩をふる。そこにケール投入。火加減は強めに、トングで混ぜながら手早く焼き上げる。葉が焼けてちりっと黒く焼けるくらいまで。

水気が出ないように注意しながら、強火をキープ…がコツ。黒焼き部分の香ばしさが決め手になるから、躊躇なく焼く！　好きなチーズを添えてしっかりしたワインで。

立体的で葉が厚めのケールや、よく育ってしっかりした菜花などにむく焼き方。ケールを小さめに切り分けて炒め、塩気はアンチョビでつけて、真ん中に卵を落として半熟に焼くというのもおいしい。

材料＞ケール、にんにく、塩、オリーブ油、好みで卵、アンチョビ

焼きそら豆と
アスパラガスの
目玉焼き添え

アスパラガスは、根元を切り落とし、皮のかたい部分をピーラーでむく。皮がやわらかいようなら端を落とすだけでいい。グリルパンを温め、アスパラガスとスペースがあればそら豆も並べて、強目の火加減で焼き色がつくまで火を通す。なるべく時間をかけず、焦げてきたら器に移し、塩をふって、あとは余熱で。並行してフライパンでやわらかめの目玉焼きを作っておき、食べる時に添える。塩、こしょうしてオリーブ油を少しかける。

焦げ目が一番の風味づけ。水気も飛んで、味も凝縮。やわらかい、小さなそら豆と細いアスパラガスを見つけたらぜひ。

材料 > 小粒そら豆、細アスパラガス、卵、オリーブ油、塩、こしょう

アスパラの揚げ焼き

アスパラガスは根元を切り落とし、かたい部分の皮をピーラーで削いで、2等分。フライパンにオリーブ油を大さじ2ほど温め、アスパラガスを並べ入れる。塩をごく軽くふり、中火でときどき転がしながら焼く。薄皮がチリチリと焦げ、焼き色がつくまで火を通したら仕上げにバターをのせ、火を止めて溶かす。ここで焦がさないように注意。器に盛り、あらためて塩を適宜ふり、レモンを搾って食べる。

アスパラガスを焼いた油には、風味が溶け出していてこれまたおいしい。バターを焦がさずに仕上げると風味がまろやかでしつこくならない。軽くトーストしたパンもたくさん用意しないと！
残った油をパンにつける時、アンチョビを叩いたのをざっと混ぜたり、サラミを一緒に食べてみては？

材料 > 太いアスパラガス、オリーブ油、無塩バター、塩、レモン

ミニステーキとカリフラワー

カリフラワーが出回る時期に作って、とても気に入っている組み合わせ。パルメザンチーズをすりおろすと、急激にイタリアワインが合う肉料理になる気がする。お腹がいっぱいになる量にしない、あくまで酒の肴、というところがポイント。

材料>
牛ステーキ肉（好みの部位）
　　ひとり分 80g
カリフラワー　½株
無塩バター　大さじ1
塩
オリーブ油
パルメザンチーズ（塊をすりおろす、
　　または粉チーズ）

1　カリフラワーは小房に分け、さらに粗くきざんで鍋に入れる。8分目くらいまで水を注ぎ、塩少々、オリーブ油小さじ2を加えて中火にかける。蓋をしてやわらかくなるまで蒸し煮。蓋を取って水気を飛ばし、無塩バターを混ぜる。

2　牛肉はミニサイズに焼く。グリルパンかフライパンをよく温め、オリーブ油を少し温め、塩をふった牛肉を並べ入れて焼く。強めの中火で蓋をして2分間くらい。上下を返して、蓋なしで1分間程度焼く。牛肉に厚みがなければ、上下1分間ずつ。

3　ステーキが焼けたら切り分けて盛り、カリフラワーを添えてパルメザンチーズをすりおろしてたっぷりかける。

ミニステーキ
＋ゆずこしょう、＋ふきのとうオイル煮

牛肉はひとり分60〜80gくらいの計算で、焼き方は「ミニステーキとカリフラワー」と同様に。酒の肴にはステーキ肉150gをふたり分と考えるとちょうどいいような気がするけれど？　もうちょっと、という量がいい。

牛肉は厚さと好みによって焼き加減が変わりますが、蓋をして蒸し焼きにするのが失敗がないと思う。薄いお肉なら時間をかけすぎないように注意。何しろミニなので、普段食べない部位を試す機会になりそう。ブリスケット、トモサンカク、ミスジ、ランプ。いろいろありますね。

私は脂は少なめが好み。オリーブ油好きだから、王道のバターで焼くのもいいけれど、植物油の風味を仕上げに加えます。器に盛ったらオリーブ油を少したらして、ゆずこしょうをのせる。

もし、ふきのとうのオイル煮（p.143）を作ったタイミングなら、その油を仕上げに使うと、ふきのとうの旨みが堪能できてご機嫌な春の味。

材料> 牛ステーキ肉、オリーブ油、塩、ゆずこしょうまたはふきのとうのオイル煮

アペロ

ラムを小さく切り分けることがポイント。
大きめの塊よりアペロ向きの形なのだ。
他のものも作るとして、4切れくらいを串に刺してひとり2本程度、
きゅうりを合いの手に入れつつ、トルティーヤに包んで食べたり。
塩は少し強めにするほうが味が決まるみたい。
クミンと唐辛子は中国北部の味。
シルクロードでもないのになぜクミン？というのが謎だったが、
西からの移住が多かったからだという。
なるほど！などと話しながら屋台の気分で作り、まずはビールで。

羊串焼きとトルティーヤ、きゅうりの塩まぶし

<材料　3人分>
ラムロース肉　約250g
きゅうり　ひとり1本
フラワートルティーヤ　ひとり1枚
植物油（太白ごま油など）
塩
赤唐辛子粉
クミンシード

1　ラムロース肉は、串1本に4切れずつ刺すように考えながら小さく切り分ける。それを串に刺し、塩をふる。きゅうりはピーラーで筋状に皮をむき、塩を軽くまぶしつけておく。
2　グリルパンかフライパンを温め、薄く植物油をぬってからラム肉を並べて中火でこんがりと焼く。
3　トルティーヤは網で焼き、赤唐辛子粉、軽くから炒りしたクミンシード各適宜を添え、ふりかけて食べる。

熱いうちに急いでレモンを搾って食べたい
こんがり焼きのいわし。オリーブ油と一緒に
2等分した皮付きのにんにくを
熱して香りを出すと、より南仏風の香り。
好みで加えてください。
冷やした白、ロゼ、スパークリング、冷酒にも。

パセリとアンチョビに
レーズンの甘みと
ビネガーの酸味を加えると、
チキンソテーやゆで野菜にも
ぴったり合うソースに。
簡単に作れるから
いろんなものに合わせてほしい。
なかでもやっぱりなすが一番です。

いわしの揚げ焼き

材料>
いわし　3尾
塩　少々
エルブ・ド・プロヴァンス　少々
薄力粉　約大さじ2
オリーブ油
レモンのくし形切り　1個

1　いわしは三枚におろしてからナイフで形を整え、塩とエルブ・ド・プロヴァンスを指で細かくしながらふっておく。バットに並べ、薄力粉をふりかけながら全体にまぶす。

2　フライパンを温めてオリーブ油大さじ1を入れ、余計な粉がついていたらはらって、いわしを並べ入れる。中火で焼き、こんがりと焼き色がついたら上下を返し、オリーブ油小さじ1〜2を足して同様に焼く。

なすの揚げ焼き

材料>
なす　太め2本　　　オリーブ油
パセリ　1本　　　　白ワインビネガー
アーモンド　5〜6個　塩
レーズン　小さじ1　　カッテージチーズ　約50g
アンチョビ　3枚

1　なすはへたを取って縦放射状に6等分する。パセリ、ざっときざんだアーモンド、レーズン、アンチョビをまな板にのせ、ミックスしながら粗みじんにきざむ。ボウルに入れ、オリーブ油大さじ2と白ワインビネガー大さじ2を加えて混ぜる。

2　フライパンにオリーブ油大さじ1を温め、なすに塩を軽くふって並べ入れる。すぐに油を吸うので、強火で手早く焼き上げる。器に盛って1のパセリソースをのせる。キッチンペーパーで茶巾に絞り軽く水気を切ったカッテージチーズを添える。

鉄鍋卵焼き

内側と外側の焼き加減を変えて、外側はこんがりしっかりと、それが器になって中にやわらかなスクランブルエッグが入っているような焼き上がりはどうですか。小さい鉄鍋(ここでは直径14cm)がとても作りやすい。周りがどんどん膨れてくるくらいの、やや強めの火加減がコツ。

材料>
卵　4個
香菜　2株分
塩　少々
太白ごま油　約大さじ1
赤唐辛子粉

1　ボウルに卵を割り入れ、粗くきざんだ香菜と塩を加えて混ぜる。
2　浅い鍋かフライパンに太白ごま油を温め、卵液を全部流し入れる。中火で、縁は触らずに内側を箸でくるくると混ぜながら焼き、外側が固まってきたら鍋肌から少し油を足して、側面をこんがりと焼き上げる。内側はとろりとやわらかいスクランブルエッグくらいの仕上がりに。
3　器に移して、赤唐辛子粉をふる。

厚揚げとミント、スイートチリソース

この組み合わせ、本当においしいのだ。
いつか中国の山の街で食べた味の簡易版。
厚揚げを切り分けて、切り口に粉をつけて焼けば、香ばしさも倍増。
スイートチリソースは、自分で作るとすっきりといい味。

材料 >
厚揚げ　1個
スペアミント　2〜3本分
薄力粉、植物油　各適量
スイートチリソース
 米酢　180ml
 赤唐辛子粉　小さじ1
 ナムプラー　大さじ1
 しょうがのすりおろし　小さじ2
 にんにくのすりおろし　½片分
 三温糖　小さじ1強
 コーンスターチ　小さじ1強
 レモン汁　½個分

1　スイートチリソースを作る。コーンスターチとレモン汁以外の材料を鍋に入れて中火にかけ、混ぜながら3〜4分間煮詰める。そこにコーンスターチを大さじ2の水で溶いて加え、混ぜながら煮て、とろみがついたらレモン汁を加え混ぜて火を止める。粗熱を取って冷蔵庫で保存。

2　厚揚げは食べやすく切り分けて、切った断面に薄力粉をつけて油で焼く。しっかり焼き色がついたら油を切って盛りつけ、スペアミントの葉とスイートチリソースを添える。八角醤油卵（p.102）を盛り合わせて。

歯触りが新鮮で、ぎゅっと味の濃い、干しきゅうりに干しなす。
干し時間はかかるけど、一度試せばいろいろな野菜を干したくなるはず。
黒酢、煎り酒、オイスターソース、すし酢と唐辛子など、合いそうな味つけは山ほどある。
酒の肴には少し多いくらいの量を作り置きすれば、
常備菜としても優れた炒めものにも。乾燥気味の晴れた日がチャンス。

アペロ

ねぎとお揚げ焼き

長ねぎは斜めに薄切り。ほぐしてばらばらにしておく。それを、温めたフライパンでしんなりして焼き目がつく程度に強火で焼く。いったんボウルに取り、ごま油をふりかけてよく混ぜる。油揚げは、温めたフライパンかグリルパンでしっかり焼き、1枚を2等分。器に盛り、ねぎをのせて、塩をふる。好みで七味唐辛子や韓国唐辛子の粗挽きをふってもいい。ばらばらにした長ねぎは美しく、盛ると立体的でおいしそう。冷酒を1杯。

材料 >

油揚げ　厚め1枚
長ねぎ　細め1本
ごま油　小さじ1
塩　少々

干しきゅうりと干しなす炒め

材料 >

きゅうり　2本
なす　2本
ごま油、太白ごま油　各小さじ2
塩　少々
醤油　小さじ2
炒りごま　小さじ1

1　きゅうりは斜め4、5mmに切り、なすはへたを取って縦2等分、斜めに1cmくらいに切り分け、それぞれざるにのせて半日ほど日に干す。

2　フライパンにごま油と太白ごま油を入れて温め、塩をふる。きゅうりとなすを加えて強めの火加減で炒め合わせ、仕上げに醤油をまわしかける。器に盛ってごまをふる。

挽き肉とミントのタイ風炒め、
文旦のサラダともち米おむすび

青唐辛子とミントが決め手の炒めもの。
文旦がいい役割をするので、ぜひ組み合わせてみてください。
柑橘には赤唐辛子がとても合うので、辛みも忘れずに。

材料>
合挽き肉　約300g
青唐辛子　2本
ペパーミント　1パック
しょうがのすりおろし　小さじ1
にんにくのすりおろし　1片分
植物油　小さじ1
塩　少々
ナムプラー　約大さじ1
文旦　1個
赤唐辛子　少々
もち米とうるち米半々で
　炊いたご飯　適量

1　ペパーミントの葉を摘み、しょうがとにんにくをすりおろす。青唐辛子は小口にきざむ。文旦をひと房ずつむいておく。もち米とうるち米を合わせて研ぎ、普通の水加減で炊いておく。

2　フライパンに油を小さじ1程度温め、挽き肉を入れる。軽く塩をふり、しょうがとにんにく、青唐辛子を加えて、混ぜながら中火で炒め合わせる。挽き肉の油が出てきたらナムプラーをまわしかけ、軽く炒めたらミントを全部投入。ざっと混ぜて火を止める。

3　ご飯を丸いおむすびにし、炒めものを盛り合わせ、文旦を添えて赤唐辛子粉をふる。

塩炒りナッツ

ナッツは合計200gくらい用意して、鍋に。水大さじ4に塩小さじ1と挽いた黒こしょうひとつまみを加えて混ぜ、溶かしたものを加えて中火にかける。煮立ったら木べらで混ぜながら、水気がなくなるまで炒り、からっとしたらオーブンペーパーの上に広げて湿気をしっかり飛ばす。冷めたら保存瓶に。乾燥剤を入れるとなおよし。

ナッツは1種類でもいいし、袋入りのミックスナッツでも。こしょうは好みで。お茶の時にもどうぞ。おいしくて止まりません。

材料>アーモンド、カシューナッツ、かぼちゃの種、塩、こしょう

野菜のオーブン素焼き

190℃に温めたオーブンで、アルミフォイルに包んだいろいろな野菜を丸焼き。
小さめの出始めのたけのこ、れんこん、玉ねぎは1時間が目安。里芋は、小さめなら45分くらい。
玉ねぎはさらに30分ほど焼くと、甘くてとろりとした焼き上がりになる。
焼きあがった野菜は、さらに切り口をオリーブ油で焼いたり、こしょうや赤唐辛子をふったり、レモンを搾ったり。
「和」っぽいと思う野菜も、オーブンで焼くとオリーブ油やバターが合うようになるから不思議。
味もぎゅっと凝縮されます。

材料＞たけのこ、里芋、玉ねぎ、れんこんなど

アペロ

まぐろ中落ち焼き

中落ちを見つけたらラッキー！ トースターで焼いたり、いつもの挽き肉に代えてミートソース(p.136「まぐろのラグーパスタ」)にしたり。なかなかのおいしさです。ねぎとろ用を買ってもいい。その場合はできるだけ調味料が加えられていないものを。これはきわめて気楽なオーブン(トースター)料理で、あれ、ちょっと火が通ってないと思ったら、あと数分焼けばいい。ワインなら赤でも白でも、日本酒も。

材料>
まぐろの中落ち　450g　　細ねぎ　2〜3本
魚醤　小さじ2　　　　　炒りごま　小さじ1
植物油　少々

1　まぐろ中落ちと魚醤をよく練り合わせる。
2　油を薄くぬった耐熱容器にラフに詰めて、190℃のオーブンまたはトースターで焼き色がつくまで20分ほど焼く。仕上げに炒りごまと、小口にきざんだ細ねぎを散らす。

麹松風

松風というと、かしこまった和食と思いがちですが、いわば「味噌風味のハンバーグ」。挽き肉に発酵調味料でインパクトをつけると考えてここは醤油麹を加えてみました。少し濃いめの、醤油と味噌をあわせたような風味です。さっぱりしたおろしきゅうりをのせて。

材料>
合挽き肉　約300g　　　　植物油　少々
醤油麹　小さじ2　　　　　きゅうり　1本
山椒の水煮(市販)　小さじ½　塩
酒　大さじ1

1　合挽き肉をボウルに入れ、醤油麹、山椒の水煮、酒を加えてよく練り合わせる。それを油を薄くぬった耐熱容器にラフに詰め、「まぐろ中落ち焼き」と同様に焼き上げる。
2　きゅうりは粗いおろし金ですりおろし、塩少々を加える。焼きあがった松風にのせる。

ベトナムおでん

好みで香菜をのせてもおいしい。ゴーヤーの苦みと魚醤の風味が個性のおでん。ゴーヤーの出回る時期に。冬には青菜で。

材料>
大根　約3cm分
ゴーヤー　½本
魚醤(ナムプラーなど、
　ベトナム式にはニョクマム)
　大さじ1
しょうが　薄切り3～4枚
ちくわ　小さめ2本
ゆで卵　2個
つみれ　2個
牛すねの生姜煮(p.100)　適宜
練り辛子　適量

1　大根は皮をむいて4～6等分する。ゴーヤーは種を取って厚めの輪切りに。

2　小鍋に水を400mlほど入れて火にかけ、魚醤を加え、しょうがを入れる。大根を鍋に入れ、蓋をして15分ほど静かに煮てから、ゴーヤーを加える。ゴーヤーに火が通ったら切り分けたちくわ、ゆで卵、つみれ、牛すねの煮込みを少し取り分けて串に刺したものなどをあれこれ加えて温める。練り辛子をたっぷり添えて。

小鍋もアペロ

大根を塩麹だけで煮た小鍋。塩麹は、市販品でもいいし、自家製ならなおよし。仕上げに添えたこんか漬けは、生のいわしを塩とぬかに漬けたもので、地方によって呼び名が異なり、「いわしのぬか漬け」として売っていることもある。トーストして、ちょっと焦げたぬかごと食べるのが断然おいしいので、ぬかは落とさずそのままで。鍋料理の風味づけにうってつけ。塩麹とのダブル発酵食品の深い風味。

材料>
大根　5～6cm分
あさつき（または万能ねぎ）　1束
塩麹　大さじ1
こんか漬け　適量

1　大根は皮をむいて厚さ1cmに切り、さらに4等分する。あさつきは4～5cmに切り分ける。
2　小鍋に水400mlを入れて火にかけ、煮立ってきたら大根を入れて塩麹を加え、15～20分ほど静かに煮込む。大根がやわらかくなったらあさつきを加えて軽く煮る。器に盛り、トーストしてほぐしたこんか漬けを少しのせる。

大根塩麹鍋

真だらの辛味鍋

ふとベトナムを思い出す風味。ライムやすだちを搾ってもいい。お鍋は直径15㎝くらいの小ぶりなものが、食べきりサイズでちょうどいい。

材料>

真だら　切り身2切れ　　赤唐辛子　1本
木綿豆腐　½丁　　　　　魚醤　大さじ1
ディル　4本　　　　　　塩　少々

1　真だらは、ひと切れを3等分して軽く塩をふっておく。木綿豆腐は8等分、ディルは葉を摘み、太い茎はざくざくと粗くきざむ。赤唐辛子は種を抜く。

2　小さな鍋に水500mlを注いで火にかけ、煮立ったらディルの茎と赤唐辛子、魚醤を入れて弱火で4〜5分間煮る。そこに水気を拭き取った真だらと豆腐を入れ、2〜3分間煮てから粗くきざんだディルの葉を加え、さっと煮てでき上がり。

鶏とせり鍋

軽く下味をつけた鶏肉とせりのみの小鍋。鶏のだしとせりの風味で十分ですが、もちろん好みで柑橘類を搾ったり、一味や七味、ゆずこしょうで辛くしたりと自由自在。

材料>

鶏もも肉　小さめ1枚
せり　1束
塩　少々
酒　小さじ1

1　鶏肉はひと口大に小さめに切り分け、全体に軽く塩と酒をふって30分ほどおく。鍋に500mlくらいの水を注いで火にかけ、煮立ったら鶏肉を加える。少しずらして蓋をし、弱めの中火で15分ほど煮る。せりは根元を切り落とし、約2㎝にきざむ。

2　1の火を強めてせりを加え、ひと煮立ちさせたらでき上がり。火を止め食卓へ。

なすと挽き肉カレー煮

ドライカレーのような、野菜がメインのカレー風味の煮込み。なるべくシンプルに、簡単に作る。仕上げにカッテージチーズを混ぜ込むのが、カレーまでいかないポイント。本格的にカレーを食べるのではなく、カレー味を楽しむ煮込みです。

材料 >

なす　2本
万願寺唐辛子　3本
合挽き肉　200g
塩、こしょう　各少々
カレー粉　小さじ1
ガラムマサラ　小さじ½
トマトピュレ　大さじ4
植物油　適量
カッテージチーズ　大さじ山盛り2
バゲットなど　適宜

1　なすはひと口大に、万願寺唐辛子は1本を4等分にする。

2　小ぶりな鍋に油を温め、なす、万願寺唐辛子、合挽き肉を入れ、塩、こしょうして炒める。挽き肉の脂が十分出たらカレー粉とガラムマサラ、トマトピュレを加え、少し火を弱めて混ぜながら炒め煮する。全体がしっとりとしてよくなじんだら、仕上げにカッテージチーズを加えてひと混ぜする。

3　バゲットなどシンプルなパンをトーストして添える。

まぐろのラグーパスタ

〆のうどんならぬ、〆のパスタ。ラグーは、まぐろの中落ちを見つけたらまとめて作っておくといい。パスタはスパゲッティーニ、フェデリーニなど、少し細めのパスタをひとり分50〜60gくらいの計算で。時間がかからずにゆで上がり、小ぶりな器に盛りつけやすくて都合がいい。

材料　軽め3人分＞
まぐろの中落ち　約400g
玉ねぎ　½個
にんにく　½片
パセリ　1本
赤唐辛子粉　1つまみ
トマトピュレ　1カップ
好みのパスタ　ひとり分50〜60g
塩、オリーブ油

1　玉ねぎとにんにく、パセリを粗みじんにきざむ。

2　フライパンにオリーブ油大さじ1と玉ねぎ、にんにくを入れて弱火で炒める。香りが出てきたらまぐろの中落ちを加え、塩をふって粗くほぐしながら炒め合わせる。赤唐辛子粉を加え、トマトピュレも加えて混ぜながらなじませる。味を見て足りなければ塩を足す。

3　たっぷりの湯を沸かしてパスタをゆでる。ラグーにパセリを加えてパスタを合わせ、ゆで汁をレードル1杯くらい加えてざっと混ぜて盛る。

〆のパスタ

レモンパスタ

材料　軽め4人分>
マカロニ　ひとり分50g
生クリーム　200ml
レモンの皮のすりおろし　¼個分
レモンの搾り汁　¼個分
オリーブ油　大さじ1
塩、こしょう

1　たっぷりの湯でマカロニをゆでる。
2　フライパンにマカロニを入れ、生クリーム、塩、レモンの皮のすりおろしを加えて中火にかける。煮立ってきたらオリーブ油を加えてざっと混ぜ、レモンの搾り汁を加えて、火を止める。器に盛り、こしょうを挽きかける。
●レモンは、すりおろした皮と果汁を合わせて保存しておくと（p.142）お菓子にもパスタソースにも便利。

クリームがマカロニに
まとわりついた感じの仕上げ。
クリームがある程度煮詰まったほうが、
酒の肴としては食べやすい気がします。
冷めてもまだちびちびと食べておいしい。

ナポリタン

材料　軽め3人分>
スパゲッティーニ　ひとり分60g
ソーセージ　3本
玉ねぎ　½個
ピーマン　1個
A｜トマトピュレ　150ml
　｜すし酢　大さじ3
　｜白ワインビネガー　大さじ1
塩、オリーブ油、粉チーズ

1　たっぷりの湯を沸かしてスパゲッティーニをゆで、オリーブ油（ひとり分につき小さじ1）をからめておく。玉ねぎは繊維に沿って縦に薄切り、ピーマンは半割りして横に細切り、ソーセージはひと口大。ソースの材料Aを合わせておく。
2　フライパンにオリーブ油を温め、玉ねぎとピーマンを炒め、軽く塩をふってソーセージを加える。玉ねぎがしんなりしたらスパゲッティーニを入れて軽く炒め合わせ、火を弱めてソースをまわしかけ、全体を混ぜ合わせる。器に盛り、粉チーズをたっぷりとふりかける。

ケチャップよりシンプルな味のナポリタン。
すし酢は甘みと酸味が必要な時に
とても役立つものです。
手軽な粉チーズがナポリタンには好相性。

〆のごはん

高菜飯

市販の高菜漬けには、唐辛子やターメリック（うこん）、ごまなどは加えられている場合が多いので、なるべく単純な味つけのものを選ぶこと。そこに風味を加えて香りよく。唐辛子などが入っているものなら、加える調味料は控えめに。ご飯に混ぜる量は、でき上がりの半分量くらい。残りは保存して、ぜひお焼き（p.26）の具に。

材料＞
米　1.5合
高菜漬け（市販）　約200g
ごま油　小さじ2
炒りごま　小さじ2
赤唐辛子粉　小さじ½
ターメリック　小さじ¼
ナムプラー　小さじ½

1　米を研いで普通に水加減し、炊いておく。ここでは小さな土鍋で、沸騰したらできるだけ火を弱めて10分、蒸らし10分、という炊き方。
2　その間に、市販の高菜漬けの水気を絞って細切りし、ごま油で炒めておく。炒りごま、赤唐辛子粉、ターメリック、ナムプラーを途中で加える。炊き上がったご飯が熱いうちに混ぜ込む。

干物飯

米1.5合を研いで普通に水加減し、塩ひとつまみと酒小さじ1を加え、焼いたあじの干物1枚を上にのせる。蓋をして、高菜飯同様に炊き上げる。鯛めしのように、あじの身をほぐしてご飯にのせて。最後にお茶漬けにするのがおすすめ。レモンを添え、香菜をのせ、ナムプラーをふって番茶を少なめに注ぐ感じで食べる。

材料＞あじの干物、米、塩、酒

おむすびにしてもいい。

するめ飯

お米を炊く時にするめを一緒に入れてみる。ご飯はするめの香りに、するめは蒸されて酒の肴に仕上がるというわけ。2割ほどもち米にして炊くと、より粘り気を感じる仕上がりになるのでお好みで。お茶漬けにしてもおいしい。その場合は、いろいろトッピングせずにシンプルに食べるのが、酒の肴ならでは。白米、雑穀入りなど、好みのお米で。

材料>
するめ　細切りしたもの3〜4本
米　1.5合
塩　少々
酒　小さじ1

魚醤焼きむすび

炊きたてのご飯に魚醤を混ぜ、ついでにこんか漬けの端っこも入れておむすびに。丸く結んでフライパンか焼き網で薄めの焼き色がつくまで焼いて、青じそを添える。あまり大きくしないで、たとえば冷凍しておいたご飯を温めなおして作るくらいの小さなのが気分。味はしっかり目に。

材料> ご飯、魚醤、こんか漬け、青じそ

こんかむすびと煮卵

鍋には暑い、という時期や鍋以外にも、という日に、こんかの風味をご飯に詰めて、煮卵を相棒にしてみては？　海苔を巻いてもおいしいのだ。

材料> ご飯、こんか漬け、煎り酒しょうが卵(p.102)

こんか茶漬け

コンカコンカとうるさいですが、富山でおいしさを知ったのでコンカと呼ぶけれど、地域によってはへしこと言ったり、同じような作りをしている魚のぬか漬けならどれもおいしい。ぬかで魚を炊いた常備菜的なものとは違って、こちらは塩漬け後にぬかに漬けて熟成させたもの。ちょっと焼いて鍋の味つけにするのが一番おいしいと思うから、それにならって、ほぐしたこんかを軽く焼き、ゆでたおかひじきと一緒にご飯にのせてお茶漬けに。これでまた飲み直したくなるかもしれない。

材料＞こんか漬け、ご飯、おかひじき、番茶

春菊の味噌汁

春菊は茎と葉を分け、茎は端から薄切りするような気持ちで細かくきざみ、葉の部分は粗みじんに。かつおだしを温め、春菊を加えて1分したら好みの味噌を溶き入れて、火を止める。

「だし・味噌・春菊」のシンプルな味。このくらいの量の味噌汁には、厚削りのかつお節数枚を3分ほど煮出すのが一番気楽なのでは？と思います。いちいちだしを取るの面倒、と言わずにやってみよう。そのうち、どうということはなくなるから。

材料＞
かつおだし　2人分500mlくらい
春菊　½束
味噌　大さじ1強

これがあればおいしさ倍増　頼りになる手作り調味料、常備食品

合わせ蜜

たとえば、はちみつにメープルシロップ、白みつにお湯で溶いた和三盆糖、黒みつにラム、キャラメルソースにシナモン。甘味と風味を出合わせると、個性のあるシロップに変身。蒸しケーキ、豆花、焼き菓子、アイスクリームなどに。

キャラメルソース

何にかけてもおいしくなる魅惑のソース。お湯を100mlほど用意。砂糖（甜菜糖など）150gと水大さじ2をフライパンに入れて中火にかける。揺すりながら砂糖を溶かし、全体に泡が立って周りから茶色く焦げてきたら火からおろして揺すり、戻して焦がし、おろして揺すりを繰り返して、色が濃くなってきたら火を止めてそっと湯約100mlをさす。揺する。湯をさす。揺する。少しゆるめに仕上げて瓶に入れて保存。この倍量で作ってもいい。

プルーンのコンポート、りんごのソテー

焼き菓子にひと切れ添えると、なんとも効果的な果物のコンポートやソテー。アペロにはチーズやパンと合わせて、いいまとめ役になる。
種を取ったプルーン12個を密封瓶に入れ、そこに赤ワイン300mlと砂糖大さじ1とはちみつ小さじ1を煮溶かして注ぎ入れる。蓋をして、ときどき上下を返しながらなじませる。時間がたつと、漬け汁もおいしいソースに。
りんごは4つ割をさらに4等分し、砂糖大さじ2とはちみつ大さじ1、無塩バター小さじ1、水100mlとともに鍋に入れる。中火にかけ、木べらで混ぜながら水分をどんどん飛ばし、少し水気を残して火を止める。密封して冷蔵で1週間ほど。

レモンの皮のすりおろし果汁漬け

レモンの皮をすりおろし、果汁、砂糖とともに瓶に入れて冷蔵保存。皮は白い部分も少しすりおろす。苦みもレモンの風味のうちだから、強くレモンを感じる仕上がりになる。レモン2個に砂糖小さじ2。料理用には塩ひとつまみで。

レモンの塩漬け

特有のとろみと、薬っぽいような独特なうま味が料理に個性を与える塩漬け。スライスして重さの10%ほどの塩をまぶして密封。ときどき上下を返しつつ、気温の高い日は冷蔵して2、3週間おく。季節、気温と相談しながら作ること。

煎り酒

江戸の知恵ある調味料を自家製で。昆布10cm角1枚、梅干し中2個、酒500ml、かつお節5gくらいをコトコトと弱火で15分間煮詰めて冷まし、漉して瓶詰め。冷蔵して使う。おひたし、汁物、炊き込みご飯などなど。品よく風味のよい調味料。

ゆずこしょう酢

おいしいのに使い切れないゆずこしょう。爽やかな辛みを酢と合わせる。使う時は、そのままでもいいしオリーブ油、ごま油などと合わせて。砂糖を少し加えてエスニック料理の味つけにも。スカッとした風味がメリハリを生む。

塩麹、醤油麹

意外にむずしくない自家製なので、2種類同時に作るのもいい。塩麹はスタンダードの米麹を10%の塩と混ぜ、容器に入れて麹が少しかぶるくらいの水を注ぐ。軽く蓋をして、毎日1回混ぜて3週間頃から甘い香りが立つ。夏は冷蔵庫に入れながら、発酵しすぎに注意して見守ること。醤油麹は、大豆と麦の醤油の実を使って。やはり少しかぶるくらいの量の醤油とよく混ぜ、塩麹同様に毎日混ぜてご機嫌うかがい。なにしろ味が決まるので、一度お試しを。

酒粕、酒粕クリーム

日本酒の副産物である酒粕。お酒がおいしければ、その酒粕も必ず味がいい。板粕を小さく割って密封瓶に入れて冷蔵、または冷凍。香ばしく焼くと素晴らしい酒の供。酒粕を湯でクリーム状に練った「酒粕クリーム」も要冷蔵です。

唐辛子の酢漬け

都心のファーマーズマーケットで、旅先の道の駅で、カラフルな唐辛子を見つけると作る酢漬け。塩を少しふって米酢を注いで1カ月。細かく切って漬けると便利、長いままだと形が活かせる。どちらでもお好みで。

黒こしょうの酢漬け

ふと思い立って、黒こしょうを粒のままお酢に漬けたら、ぴりりと辛く酸っぱい香辛料に。瓶に入れお酢を注いで1カ月。酸味を含んだ黒こしょうは、めん棒などで潰して油と合わせてたれに、そのままのせて料理のアクセントに。

香菜油漬

根に近いほど香りの強い香菜。よく出回る時期に、きざんで瓶に入れ、米油や太白ごま油を注いで塩をひとつまみ、あればにんにく1片を入れて、ソースに。和えもの、鍋もの、野菜のオーブン焼きなどのアジア風味づけに。

ふきのとうのオイル煮

ごみを取ってさっと塩ゆでし、即、水気をしっかり切って瓶に入れ、軽く塩をふってオリーブ油を注ぎ入れる。にんにくを一緒に漬け込んでも。そのままパスタに、意外とステーキにも。春に作って夏まで楽しめる。

こんか漬け

いわしを塩漬け後に糠に漬けたのが、こんか漬け。冬の富山で出会って以来、欠かせない味つけになった。糠は取り除かずにトーストし、冬のお鍋に添える。具を取り、ぽん酢なども少なめにかけ、こんかをひとかけ。冷蔵か冷凍。

この本は、おいしい文章を寄せてくれるはずだった
鈴木るみこさんに贈ります。
お茶の時間、お酒の時間を共に過ごしたあなたへ。

tea
&
apéro

先に飲んでてね

長尾智子　ながお・ともこ

フードコーディネーター。
書籍や雑誌にエッセイやレシピを執筆、紹介するかたわら、
食品や器の商品開発も手がける。
近著に、『毎日を変える料理』(柴田書店)、『やさい歳時記』(集英社)、
『あなたの料理がいちばんおいしい』(KADOKAWA)、
『食べ方帖』(文化出版局)など。
身近な素材をシンプルに料理することをテーマに活動する。
vegemania.com

ティーとアペロ
お茶の時間とお酒の時間　140のレシピ

初版印刷　2018年11月30日
初版発行　2018年12月15日

著　者　Ⓒ 長尾智子
発行者　丸山兼一
発行所　株式会社柴田書店
　　　　〒113-8477　東京都文京区湯島3-26-9 イヤサカビル
　　　　電話　営業部 03-5816-8282(注文・問合せ)
　　　　　　　書籍編集部 03-5816-8260
　　　　URL http://www.shibatashoten.co.jp
印刷・製本　シナノ書籍印刷株式会社

本書内容の無断掲載・複写(コピー)・引用・データ配信等の行為は固く禁じます。
乱丁・落丁本はお取替えいたします。
ISBN　978-4-388-06298-0
Printed in Japan
©Tomoko Nagao, 2018